バインミー図鑑

ベトナム生まれのあたらしいサンドイッチ

柴田書店編／足立由美子監修

How to

Welcome to New Sandwich World!

バインミーというのは、本来はベトナム語で「パン」という意味ですが、いまでは世界中でベトナム生まれのサンドイッチとして愛されています。

バインミーはもともと、フランス植民地時代にフランス人から伝わったもので、その後、ベトナムの食文化と混ざりあって独自の発展をとげました。しかも、いまだに進化し続けていて、ベトナムを訪れるたびにいままで食べたことのないあたらしいバインミーに出会います。

この本ではベトナムでよく食べられているクラシカルなスタイルのサンドイッチから、具材をはさまないバインミー、日本の食文化というフィルターを通した新感覚のバインミーまで、バインミー専門店5店とレストランやベーカリーなど5店のシェフにさまざまなバインミーをご紹介いただきました。

バインミー、その可能性は未知数です。あたらしいサンドイッチの世界へようこそ！

足立由美子（監修）

Step 1
パンを軽く温める

パリッとさせます！

make BÁNH MÌ

Step 2
切り込みを入れる

Step 3
具材をはさむ

Step 4
ぎゅーっとつぶして、かぶりつく

両端は奥まで切らずにポケット状の切り込みを入れます！

いろいろな食感、味わいの具材を端までたっぷりと！

できたてをめしあがれ！

Contents

How to make BÁNH MÌ 002 　　　　**本書を読む前に** 006

section 1 　STANDARD STYLE BÁNH MÌ

豚肉×バインミー

ミチャバインミー
バインミー シンチャオ 008 ／ 040

ベトナムハムのバインミー
エビスバインミーベーカリー 009 ／ 038

パテとハムのバインミー
足立由美子 009 ／ 042

チャイニーズ風ローストポークのバインミー
ベトナムサンドウィッチ Thao's（タオズ） 010 ／ 036

豚角煮＆卵バインミー
バインミー☆サンドイッチ 010 ／ 034

レモングラス豚焼き肉のバインミー
ベトナムサンドウィッチ Thao's（タオズ） 011 ／ 036

豚肉とコブミカンの葉のとんかつバインミー
スタンドバインミー 012 ／ 044

リエット×ベトナムカカオのバインミー
スタンドバインミー 012 ／ 044

揚げ春巻きのバインミー
エビスバインミーベーカリー 013 ／ 039

シマウイ バインミー
足立由美子 013 ／ 042

肉団子のトマト煮バインミー
バインミー☆サンドイッチ 014 ／ 035

鶏肉×バインミー

焼き鳥肉バインミー
バインミー シンチャオ 015 ／ 041

蒸し鶏ネギ油和えのバインミー
ベトナムサンドウィッチ Thao's（タオズ） 015 ／ 037

ハニーレモングラスチキンのバインミー
バインミー☆サンドイッチ 016 ／ 035

五香粉ローストチキンのバインミー
ベトナムサンドウィッチ Thao's（タオズ） 017 ／ 037

ココナッツチキンカレーのバインミー
スタンドバインミー 018 ／ 045

魚介×バインミー

ベトナムサバカレーのバインミー
バインミー☆サンドイッチ 018 ／ 035

サバのトマトソース煮バインミー
エビスバインミーベーカリー 019 ／ 039

白身魚のムニエル×レモングラスソースのバインミー
スタンドバインミー 020 ／ 045

サーモンコンフィ×紫キャベツのマリネのバインミー
スタンドバインミー 021 ／ 046

豆腐×バインミー

レモングラス厚揚げ豆腐のバインミー
ベトナムサンドウィッチ Thao's（タオズ） 022 ／ 037

卵×バインミー

目玉焼きバインミー
バインミー シンチャオ 023 ／ 041

春菊入りふわふわオムレツのバインミー
足立由美子 024 ／ 043

はさまないバインミー

バインミーチャオ
足立由美子 025

ビーフシチューとバインミー
エビスバインミーベーカリー 026

蒸しバインミー
足立由美子 027

甘いバインミー

バインミー ケップケム（アイスクリームのバインミー）
足立由美子 028 ／ 043

バインミー ショコラ
足立由美子 028 ／ 043

ハチミツバターバインミー
エビスバインミーベーカリー 029 ／ 039

section 2　NEW STYLE BÁNH MÌ

kitchen.（キッチン）

グリルチキンのバインミー　057／062

グリル野菜、グリーンチャツネと
　クリームチーズのバインミー　058／062

焼きそばバインミー　059／063

タマリンドツナマヨ バインミー　060／063

豆腐とトマトソースのバインミー　061／063

Ăn Đi（アンディ）

石狩鍋×バインミー　065／070

柳川鍋×バインミー　066／070

北陸の発酵文化×バインミー　067／071

馬インミー　068／071

ゴーヤチャンプルーのバインミー　069／071

chioben（チオベン）

春巻き2種のバインミー　073／078

黒酢鶏＋黒酢鶏パテ＋人参ラペ＋パクチー
　074／078

割り干しと赤大根のソムタム＋
　揚げ餅海老醬がらめ　075／079

かぼちゃの黒胡麻和えとカリカリ豚　076／079

海老刺し＋コリアンダーソース＋
　晩白柚　077／079

パーラー江古田

いわしとジャガイモ バインミー　081／086

エビと紅大根のマリネのバインミー　082／086

レモングラス入りサルシッチャと
　クレソンのバインミー　083／086

牛肉、春菊、目玉焼きのバインミー　084／087

カリカリ塩豚バインミー　085／087

銀座ロックフィッシュ

大福チーズ バインミー　089

焼きカレーパン バインミー　090

じゃことシ バインミー　091

バナナの叩き瓜バインミー　092

しば漬けマスカルポーネ　093

鮭缶香辣醬バインミー　093

店紹介

バインミー☆サンドイッチ　047

ベトナムサンドウィッチ Thao's（タオズ）　048

エビスバインミーベーカリー　049

バインミー シンチャオ　050

スタンドバインミー　051

kitchen.（キッチン）　056

Ăn Đi（アンディ）　064

chioben（チオベン）　072

パーラー江古田　080

銀座ロックフィッシュ　088

定番！ ハムとパテのバインミー　030

自家製ベトナムハムのつくり方
　エビスバインミーベーカリー　032

レバーパテのつくり方
　足立由美子　033

パンいろいろ　052

材料紹介　095

コラム

パン職人がつくるバインミーのパン　054

バインミーとインドシナ半島　094

アンチャイ バインミー　095

監修／足立由美子、撮影／天方晴子、デザイン／矢内 里、取材協力／中野陽子、編集／井上美希

section 1 について

バインミー専門店5店と監修の足立由美子さんのレシピを掲載しています。常時販売していないメニューも含まれます。

すべてのバインミーに入る共通の具材の、1本あたりの分量です。自家製の具材は簡単なつくり方ものせました。

数字ははさむ順番です。バターやレバーペースト、マヨネーズなどのペースト状のものはパンの断面にぬります。タレやホットチリソース、シーズニングソースなどは仕上げにふりかけてください。

自家製の具材のレシピです。

section 2 について

通常はバインミーを提供されていないお店5店に特別にバインミーをつくっていただきました。

自家製の具材は（ ）内のページにつくり方がのっています。

数字ははさむ順番です。ペーストやタレについてはsection 1と同様です。

自家製の具材のつくり方です。

・価格は税込みです（価格、税率は2019年6月現在のもの）。
・掲載情報は2019年6月現在のものであり、今後変更される可能性があります。
・分量の単位は小さじ＝5ml、大さじ＝15ml、カップ＝200mlです。
・火加減や調理時間はあくまで目安です。使用機器の火力や性能に応じて、調整してください。
・分量は目安です。パンの大きさなどに応じて調整してください。

section 1

STANDARD STYLE
BÁNH MÌ

ハムとパテ×バインミー

ミチャバインミー
バインミー シンチャオ

ベトナムハム、自家製のチャーシューとレバーパテをはさむベトナムでももっともオーソドックスな構成のバインミー。「ベトナムではハムのバインミーを"バインミーチャー"という」(店主ブイ・タン・ユイさん)ため、商品名は真ん中をとって「ミチャ」としている。(レシピ→P.40)

自家製チャーシュー
ベトナムハム

レバーパテ

ベトナムハムのバインミー

エビスバインミーベーカリー

ベトナムハムとレバーパテは自家製。ハムはベトナム北部のハム屋で教えてもらった製法でつくっている。肉ダネに氷水を加えながらフードプロセッサーでペースト状にし、いったん冷凍してからさらに回すことでなめらかな一体感を出す。（レシピ→P.38）

パテとハムのバインミー

足立由美子

レバーパテは自家製。ベトナムのバインミー屋ではポピュラーな豚レバーでつくり、豚もも肉と背脂を加えて、旨みとコクをプラス。ハムは市販のものをお好みで。種類が多いほうがおいしい。薬味もさまざまなものをお好みでたっぷりと。（レシピ→P.42）

レバーパテ　自家製ベトナムハム

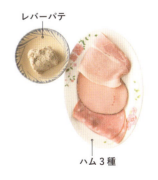

レバーパテ　ハム3種

豚肉×バインミー

チャイニーズ風
ローストポークのバインミー
ベトナムサンドウィッチ Thao's（タオズ）

かたまり肉でつくるローストポークの漬けダレには、甜麺醤や芝麻醤、オイスターソースなどが入り、甘めのこってりとした味。バインミーの定番の薬味である細ネギの辛みとなますの酸味でさっぱり感が加わり、重層的な味わいになる。（レシピ→P.36）

豚角煮＆卵バインミー
バインミー☆サンドイッチ

ヌックマムとココナッツジュースで煮るベトナムの角煮に、目玉焼きを合わせたボリュームたっぷりのバインミー。白身の縁がカリカリになるよう揚げ焼きにした目玉焼きと食べごたえのある角煮とは、いうまでもない相性のよさ。（レシピ→P.34）

チャイニーズ風ローストポーク

豚角煮　　卵

レモングラス豚焼き肉

細ネギ

レモングラス豚焼き肉の バインミー

ベトナムサンドウィッチ Thao's（タオズ）

レモングラスを加えたヌックマムベースのタレに肉を漬け込んで焼くのはベトナムの定番の調理法。"焼き肉のタレ"に着想を得て、玉ネギのすりおろしをタレにプラスしている。肉がやわらかくなり、甘みと旨みが増す。（レシピ→P.36）

豚肉×バインミー

豚肉とコブミカンの葉の とんかつバインミー

スタンドバインミー

豚肉の薄切りを重ねて揚げるミルフィーユとんかつの肉の間にコブミカンの葉をしのばせて、香りよく、ベトナム風味に。オレンジの酸味のきいたソースとコブミカンの葉の柑橘らしいさわやかさが口の中ではじける。（レシピ→ P.44）

リエット×ベトナムカカオの バインミー

スタンドバインミー

とろっとしてコクのあるバルサミコ酢のソースが、ふんわりとなめらかな自家製のリエットのこってり感をほどよく締める。ベトナム産のカカオニブは苦みと食感がアクセントに。ひたすらワインがすすむバインミー。（レシピ→ P.44）

豚肉とコブミカンの葉のとんかつ

リエット

揚げ春巻きのバインミー

エビスバインミーベーカリー

野菜入りの豚肉あんをライスペーパーで巻いて揚げるベトナムの揚げ春巻を、パリパリとした歯ごたえのあるせん切りの生野菜とともにフランスパンにはさんでバインミーに。かぶりつけば、パリパリに揚がった皮の中から肉汁があふれ出す。(レシピ→ P.39)

シウマイ バインミー

足立由美子

ベトナムの「シウマイ」は中国の焼売とはちがい、皮には包まない肉団子のことで、バインミーの定番具材のひとつ。パンやごはんのおかずとして食べられており、バインミーにするときはつぶしてパンにぬり広げる。たっぷりのマーガリンにシウマイの旨み、醤油ベースのタレがよくあう。(レシピ→ P.42)

揚げ春巻き

シウマイ

豚肉×バインミー

肉団子のトマト煮バインミー

バインミー☆サンドイッチ

2種のネギを混ぜ込んだ香りのよい肉団子を、甘めでコクのあるトマトソースで煮て、具材に。肉団子は大きめに丸めて食べごたえのあるボリューム感や噛みしめるおいしさを演出。たっぷりのなますでさっぱりと食べさせる。(レシピ→P.35)

肉団子のトマト煮

鶏肉×バインミー

焼き鳥肉バインミー

バインミー シンチャオ

鶏肉は大きめに切り分け、ヌックマムベースの甘じょっぱいタレに漬け込む。直火でこんがりと焼くことで香ばしさが加わる。大ぶりに切ることで食べごたえのある印象が生まれ、噛みしめるうちにレモングラスの香りがほんのりと鼻に抜ける。（レシピ→ P.41）

蒸し鶏ネギ油和えのバインミー

ベトナムサンドウィッチ Thao's（タオズ）

しっとりと蒸した鶏胸肉は肉と皮に分け、肉はさき、皮は細切りに。混ぜ合わせて、コクと旨みのある味わいに。ベトナムの定番調味料であるネギ油がヌックマムとともに香る。さっぱりしつつも、満足感が高い。（レシピ→ P.37）

焼き鳥肉

蒸し鶏ネギ油和え

鶏肉×バインミー

ハニーレモングラスチキンのバインミー

バインミー☆サンドイッチ

レモングラスやコブミカンの葉がさわやかに香るローストチキン。ヌックマムと砂糖の甘じょっぱいタレがベースとなったベトナム版の照り焼きチキンだ。表面をカリッとこんがり、香ばしく焼き上げるのがおいしさのコツ。（レシピ→P.35）

ハニーレモングラスチキン

五香粉ローストチキンのバインミー

ベトナムサンドウィッチ Thao's（タオズ）

ベトナムにはローストチキンを意味する「ガー ロ ティ」という名の料理がある。たれに漬けて焼いた鶏 の骨付きモモ肉をごはんにのせ、なますを添えたもの で、「ごはんにあうおかずはバインミーにも絶対にあ う」とつくったのがこのメニュー。（レシピ→ P.37）

五香粉ローストチキン

鶏肉×バインミー

ココナッツチキンカレーの
バインミー

スタンドバインミー

バングラディッシュの友人から教えてもらったチキンカレーを汁気をとばしてカレー炒めにアレンジし、パプリカを加えて甘みを添えた。ショウガはたっぷり入れるが、使うスパイスの種類は少なめでシンプルな味わい。なますやハーブともよく合う。（レシピ→P.45）

ベトナムサバカレーの
バインミー

バインミー☆サンドイッチ

バインミーの定番具材であるサバのトマトソース煮からヒントを得て、サバをカレー仕立てに。ベトナムのカレーはターメリック主体のおだやかな香りとココナッツミルクの甘みが特徴。サバは塩焼きにしてから煮ることでくさみのない味わいに。（レシピ→P.35）

ココナッツチキンカレー

ベトナムサバカレー

サバのトマトソース煮バインミー

エビスバインミーベーカリー

ヌックマムの旨みのきいた甘めのトマトソースでサバを煮るのは、ベトナムでよく見かける白いごはんのおかず。最近ではこれをはさんだバインミーもよく見かけるように。青魚のコクや旨みがトマトソースとよく合う。（レシピ→P.39）

サバのトマトソース煮

魚介×バインミー

魚介×バインミー

白身魚のムニエル×
レモングラスソースのバインミー

スタンドバインミー

白身魚の淡白な旨みをレモングラスの香りと油のコクがきいたソースが引き立てる。いろいろなキノコを試した結果、白身魚の味わいをじゃましないシメジをソテーにして合わせた。スプラウトのたおやかな食感が白身魚のやさしい食感に寄り添う。(レシピ→P.45)

白身魚のムニエル

サーモンコンフィ×
紫キャベツのマリネのバインミー

スタンドバインミー

低温でコンフィしたサーモンはねっとりと濃厚な味わい。紫キャベツのマリネが全体を締め、メープルシロップでやさしい甘みをつけたピーナッツのソースがまろやかなコクを与える。マリネとソースにはかくし味程度の魚醤を。(レシピ→ P.46)

サーモンコンフィ

豆腐×バインミー

レモングラス厚揚げ豆腐の
バインミー

ベトナムサンドウィッチ Thao's（タオズ）

はさんだのは、カリッと焼いた厚揚げに、カリカリのレモングラスをからめた楽しい食感の炒めもの。ベトナムではよく食べられている白飯のおかずで、鶏肉でつくってもおいしい。厚揚げを使ったメニューはベジタリアンのお客に好評。（レシピ→P.37）

レモングラス厚揚げ豆腐

022

卵 × バインミー

目玉焼きバインミー

バインミー シンチャオ

旨みたっぷりの濃いめのタレが、カリカリに揚げ焼き
した目玉焼きのやさしい味わいを引き立てる。豚レ
バーでつくるパテは炒めた玉ネギとニンニクをしっか
りきかせた奥行きのあるおいしさで、目玉焼きともよ
く合う。（レシピ→ P.41）

目玉焼き

卵×バインミー

春菊入りふわふわオムレツのバインミー

足立由美子

ハノイの路上で食べたヨモギ入りオムレツのバインミーが忘れられなくて、春菊で再現。焼きたてのふわふわをはさんで、すぐに食べるのがおいしい。春菊の苦み、卵のやさしい味わい、チリソースの辛みと旨みが合わさり、たまらないおいしさ。（レシピ→ P.43）

春菊のオムレツ

バインミー チャオ

足立由美子

バインミーというとサンドイッチのことだと思われがちだが、本来はパンとともに食べる料理にも使う言葉。バインミー チャオは鉄板焼き料理のフランスパン添えのこと。パンはちぎって鉄板の焼き汁をたっぷりと吸わせて食べてもおいしい。

1 ステーキ用の鉄板を熱して油をひき、牛肉を焼く。焼き色がついてきたら裏返し、あいているところに卵を割り入れ、フライドポテトとパテも鉄板にのせる。
2 肉に火が通ったら、タレ大さじ1をまわしかける。バター、玉ネギ、トマトをのせる。
3 火からおろして香菜を飾り、黒コショウをふる。軽く温めたフランスパン（分量外）と野菜サラダを添える。

1人分
サラダ油…大さじ1
牛肉（焼き肉用モモ肉）…100g
パテ（P.33）…30g
フライドポテト *1…1/2個分
タレ *2…大さじ1
バター…20g
玉ネギ（細切り）…少量
トマト（スライス）…1枚
卵…1個
香菜、黒コショウ、野菜サラダ *3…各適量

＊1：じゃがいも（メークイン）を細切りにして、サラダ油でカリッとするまで揚げる。
＊2：ニンニク（みじん切り）小さじ1/2、玉ネギ（みじん切り）大さじ1、サラダ油大さじ1、シーズニングソース大さじ2、オイスターソース大さじ1、ヌックマム大さじ1、グラニュー糖小さじ1/2、黒コショウ、水50mlを混ぜ合わせる。（分量は約4人分。）
＊3：食べやすくちぎったレタス3〜4枚分とトマトのスライス2枚を皿に盛り、上から甘酢（P.42）大さじ2とサラダ油大さじ1をかけ、黒コショウをふる。混ぜながら食べる。フライドオニオンなどをトッピングしてもよい。

ビーフシチューとバインミー

エビスバインミーベーカリー

フランスの植民地だったベトナムではビーフシチューも定番の料理。フランス同様にベトナムでもパンを添えて食べる。皮が薄くて中がふんわりとしているバインミー用のパンは、シチューのソースをしっかりと吸う。

ビーフシチュー(3〜4人分)

1　圧力鍋に牛スジ肉とたっぷりの水を入れ、醤油、長ネギ(各適量・分量外)を加えて火にかける。弱火で15分加圧し、火からおろして15分おく。

2　油でAを炒める。玉ネギが透きとおってきたらBを加えてひと煮立ちさせる。アクをひき、弱火で15分煮る。

3　ベシャメルソースを加え混ぜてとろみをつける。

牛スジ肉…200g
A 玉ネギ(くし形切り)…100g
　ニンジン(乱切り)…80g
　サツマイモ(乱切り)…60g
　ニンニク…20g
B トマト缶(ダイス)…62.5g
　赤ワイン…20g
　ローリエ…1枚
　八角…2g
　シナモン(ホール)…2g
　ヌックマム…6g
　グラニュー糖…5g
　塩…3g
　黒コショウ…少量
ベシャメルソース(市販)…40g

はさまないバインミー

蒸しバインミーに香草やなますを好みでのせてタレをかけ、サニーレタスに包んで食べる。

蒸しバインミー

足立由美子

かたくなったフランスパンを蒸し、豚肉のそぼろとネギ油をのせたベトナムの軽食。蒸されてふんわりとしたフランスパンと甘じょっぱいそぼろがよく合う。好みの香草となますをのせ、サニーレタスで巻き、辛くて甘酸っぱいタレにつけて食べる。

1　豚そぼろをつくる。フライパンに油を熱し、ニンニクを炒める。香りが立ってきたら、豚挽き肉を加え、色が変わるまでしっかり炒める。**A**を加え混ぜる。水溶き片栗粉をつくり、加え混ぜてとろみをつける。
2　ネギ油をつくる。細ネギと塩を耐熱容器に入れて混ぜる。サラダ油を熱し、容器に注いで混ぜる。
3　フランスパンは1〜2cmの厚さの輪切りにして、豚そぼろをのせ、耐熱皿にのせて蒸し器で約5分蒸す。ネギ油とピーナッツをのせる。
4　青パパイヤとニンジンのなますを入れたタレを添える。サニーレタス、香菜、大葉、細ネギ、スペアミントは別皿に盛って添える。卓上でサニーレタスに 3 をのせ、好みの薬味となますをのせ、巻いてタレをつけて食べる。

豚そぼろ（つくりやすい分量）
│　サラダ油…大さじ1
│　ニンニク（みじん切り）…1片分
│　豚挽き肉…100g
│　**A**　グラニュー糖…小さじ1
│　│　ヌックマム…小さじ1
│　│　シーズニングソース…小さじ1/2
│　└　黒コショウ…適量（多め）
│　片栗粉…小さじ1
└　水…大さじ2
ネギ油（つくりやすい分量）
│　細ネギ（小口切り）…大さじ2
│　塩…ひとつまみ
└　サラダ油…大さじ3
フランスパン…適量
ピーナッツ（くだく）…適量
青パパイヤとニンジンのなます（P.42）…適量
タレ*…適量
サニーレタス、香菜、大葉、細ネギ、
　スペアミント…各適量

*：グラニュー糖大さじ6を倍量の湯に溶き、ヌックマム大さじ4、ニンニク（みじん切り）大さじ1と1/2、赤唐辛子（みじん切り）適量 を加え混ぜる。

バインミー ケップケム（アイスクリームのバインミー／左）
バインミー ショコラ（右）

足立由美子

ベトナムでは甘いバインミーも食べられている。ここではパーラー江古田（P.80）のほんのり甘くて大きめのブリオッシュにアイスとチョコレートをはさんだ2種をご紹介。アイスには練乳で甘みとコクをプラスし、カリカリのピーナッツをかける。チョコレートはベトナム産を使用。贅沢にエシレバターを合わせ、バターにはグラニュー糖をふってさらにリッチな味わいに。（レシピ→P.43）

甘いバインミー

ハチミツバターバインミー

エビスバインミーベーカリー

ベトナムでは炭火で鶏肉を焼く屋台がよく見られるが、これはそのような屋台によくあるメニュー。フランスパンをつぶし、バターとハチミツをぬって炭火であぶったもの。カリカリと香ばしく、バターの香りとハチミツの甘さがクセになる。（レシピ→P.39）

定番！ハムとパテのバインミー

バインミーの定番サンドイッチといえばハムとレバーパテ。昔からつくられ続けているクラシカルなスタイルで、ベトナム全土どの町でも食べられます。日本の専門店でも定番！

自家製のベトナムハムを多種はさむベトナムスタイル　　バインミー☆サンドイッチ

ハム類が何種類も入るベトナムでもリッチなタイプ。さまざまな味と食感を一度に楽しめるのが魅力。パテは現地のバインミー店でもポピュラーな豚レバーで。このバインミーにはさむハム類はチャーシュー、コリコリとした食感が楽しいキクラゲと豚耳のハム、豚皮と豚舌のハム、なめらかな蒸しハム「チャールア」。すべて自家製。

チャールア／レバーパテ／キクラゲと豚耳のハム／豚皮と豚舌のハム／チャーシュー

サイゴンハム＆豚パテ

ハムは市販、パテは自家製のベトナムスタイル　　足立由美子

ベトナムではハム屋やパン屋がバインミーを提供することもあるが、多くのバインミー専門店はパンはパン屋から、ハムはハム屋から仕入れ、レバーパテのみを自家製する。こうした本場のスタイルを踏襲しつつ、好みのハムを何種類か買ってくればいいという気軽なスタンスのレシピ。今回パテは自家製したが、パテも市販を使えばより手軽に。（レシピ→ p.42）

レバーパテ／ももハム／パストラミ／ボローニャソーセージ

パテとハムのバインミー

自家製のパテとチャーシューに市販のベトナムハムという組合わせ　　バインミーシンチャオ

チャーシューとレバーパテは自家製。ベトナムと同様にパテは豚レバーでつくる。レバーは牛乳に浸して臭みを抜き、こんがりとやや焦げるまでしっかりと炒めた玉ネギとニンニクを加えることでレバーの臭みを感じない、旨みの強いパテに。ハムはベトナム製のなめらかな蒸しハム「チャールア」を仕入れて使用。（レシピ→ p.40）

チャーシュー／レバーパテ／ベトナムハム

ミチャバインミー

030

ベトナム北部の町のハム屋で教わった秘伝のハム入り　　　エビスバインミーベーカリー

ベトナムハムのバインミー

レバーパテ　　ベトナムハム（P.32）

自家製ハムの製法は、パンのつくり方を教わりに修業に行ったベトナム北部ヴィンフック省の省都ヴィンイェン市にあるビアホイ（居酒屋）の店主が教えてくれたもの。レバーパテはベトナムのレシピそのままだとレバーの味が前面に出すぎてしまうので、ニンニクで臭みをおさえ、生クリームでまろやかさをプラスしている。（レシピ→p.38）

なめらかな蒸しハムと豚耳入りコリコリハムを自家製　　　ベトナムサンドウイッチ Thao's（タオズ）

ベトナムハムとレバーパテ

ジョートゥ　　チャールア　　レバーパテ

レバーパテはクセの強くない鶏レバーに豚挽き肉を混ぜて旨みを強め、野菜などで甘みを出す一方、黒コショウをきかせてキレのある味に。ハムは、豚挽き肉をなめらかなすり身にして蒸すチャールアと、キクラゲ、豚耳、豚舌を炒めて専用の型に詰め、耳と舌から出たゼラチンでかためるジョートゥの2種。すべて自家製。

くさみのないレバーパテとテリーヌ型でつくるハム　　　スタンドバインミー

オリジナルバインミー　　ハム　　レバーパテ

パンにはニンニクのきいたソース「アイオリ」をバターの代わりに。食欲をそそる香りで、ベトナム料理らしいニュアンスが加わる。パテには鶏レバーを使用。牛乳に一晩浸け、炒めたときに出た汁は捨て、自然派ワインとともに煮て、甘みのあるクリーミーな味わいに。ハムはエマルジョンソーセージの種をテリーヌ型に詰めてオーブンで湯煎焼きしたもの。

031

自家製ベトナムハムのつくり方

エビスバインミーベーカリー

ベトナムではなめらかに練った種を型に詰め、蒸したハムがバインミーの定番具材。ここではベトナム北部で習ったという、ゆでてつくるベトナムハムをご紹介する。

材料：
店の仕込み量

豚挽き肉（肩ロース）…700g	塩…10g
豚挽き肉（モモ）…700g	白コショウ…15g
豚背脂（挽いたもの）…600g	片栗粉…30g
ヌックマム…40g	油…30g
グラニュー糖…30g	氷水…適量

1 材料をすべてボウルに入れ、手で混ぜ合わせる。

2 フードプロセッサーに移し、15秒回しては止める。たまにゴムベラで中身を混ぜながら、なめらかになるまでこれを繰り返す。

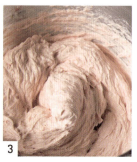

3 氷水約200mlを少しずつ加えてさらに回し、写真のようになめらかな状態になるまで回す。

4 ビニール袋に移し、平らにのばして冷凍する。

5 指で押すとやや弾力を感じるくらいのかたさになったら、袋から出してフードプロセッサーに移す。

6 なめらかになるまで回す。

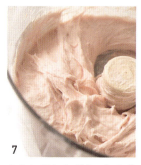

7 さらに回しながら、氷水約400mlを少しずつ加え、写真のようになめらかな状態にする。

8 ベトナムハムをつくるための型。**A**の筒の中に中身を詰め、**B**のフタを筒の両端にはめ、**C**の金具を筒にはめてとめる。

9 **7**をビニール袋に詰めて空気を抜き、**A**の筒に入れる。**B**のフタを片側にはめ、筒の縁まで**7**を詰める。

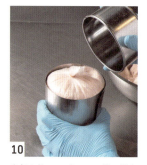

10 空気を抜いてビニール袋の端を輪ゴムでとめ、フタを閉める。**C**の金具をはめる。

11 鍋にたっぷりの湯を沸かし、**10**を入れる。鍋のフタを閉め、45分から1時間ほどゆでる。

12 鍋から取り出して冷まし、型から出す。

レバーパテのつくり方

足立由美子

ベトナムのバインミー屋はレバーパテを自家製するのが一般的。使うレバーは豚の場合が多い。ここでは豚の背脂とモモ肉を加え、旨みとコクをプラスする。

材料：
15.5×12×高さ5cmの容器1個分

フランスパン…20g	豚背脂…100g
牛乳…大さじ2	豚モモ肉…100g
サラダ油…大さじ3	塩…小さじ1
ニンニク（みじん切り）…2片分	グラニュー糖…小さじ1/4
玉ネギ（みじん切り）…100g	黒コショウ…大さじ1/2
豚レバー…100g	全卵…1/2個
ルアモイ（ベトナムの米焼酎）…大さじ1	

1 フランスパンは細かくちぎる。

2 牛乳を加えて手で混ぜ、ふやかす。

3 フライパンにサラダ油をひき、玉ネギをキツネ色になるまでじっくり炒める。

4 別のフライパンにサラダ油をひき、豚レバーの両面に焼き色をつける。ルアモイを加えてアルコール分をとばす。

5 豚レバーを取り出し、フライパンに残った汁は取っておく。

6 豚レバーを大まかに切り分ける。

7 豚背脂を6と同様に切り、フードプロセッサーにかけてなめらかにする。同様に切った豚モモ肉を加える。

8 なめらかになるまで回し、6を加える。

9 なめらかになるまで回し、2と3を加える。

10 なめらかになるまで回し、塩、コショウ、卵、5で取っておいた汁を加える。さらになめらかになるまで回す。

11 オーブンペーパーを敷いた型に10を空気が入らないように詰める。

12 蒸気の上がった蒸し器に入れ、約30分蒸す。竹串を刺してみて、透明な汁が出れば蒸し上がり。

バインミー☆サンドイッチ

基本のパーツ（つくり方と1本あたりの分量）

無塩バター…約大さじ1.5
パンの切り込みの下側にぬる。

自家製マヨネーズ…約大さじ1.5
酸味をおさえてまろやかな仕上がりにしたもの。パンの切り込みの上側にぬる。

大根とニンジンのなます…適量
大根とニンジン各100gは細切りにし、砂糖80gをまぶしてよくもむ。水分が出てきたら、野菜の水汁気をよく絞り、酢100gと塩2gを加え、15〜20分ほど漬ける。ザルにあげて汁気をきる。甘さ、酸味ともにやや控えめな味わい。

香菜（ざく切り）…適量

シーズニングソース…適量
仕上げに全体にふる。

豚角煮&卵バインミー（P.10）

①無塩バター
②自家製マヨネーズ
③豚角煮…5〜6切れ
④目玉焼き…全卵2個分
⑤大根とニンジンのなます
⑥香菜
⑦シーズニングソース

②豚角煮（約5本分）

1　鍋にグラニュー糖のうち半量を入れて火にかけ、焦がしてカラメル状にする。
2　Aとグラニュー糖の残りを加えてひと煮立ちさせる。
3　一口大に切った豚バラ肉を加え、ひと煮立ちさせる。弱火にして約30分煮る。強火にして煮汁が肉にからむまで煮詰める。

```
         グラニュー糖…40g
       A ココナッツジュース…1/2缶（175ml）
         ニンニク（みじん切り）…2片分
         ヌックマム…大さじ1と1/2
         黒コショウ（粗挽き）…小さじ1/2
         豚バラ肉（かたまり）…400g
```

豚肉のバインミー

肉団子のトマト煮バインミー (P.14)

① 無塩バター
② 自家製マヨネーズ
③ 肉団子のトマト煮…4個
④ 大根とニンジンのなます
⑤ 香菜
⑥ シーズニングソース

豚挽き肉…250g
A ニンニク（みじん切り）…3片分
　シーズニングソース…大さじ1と1/2
　ヌックマム…小さじ1
　グラニュー糖…大さじ1と1/2
　黒コショウ（粗挽き）…小さじ1/2
B 玉ネギ（みじん切り）…1/2個分
　細ネギ（小口切り）…1/3束分
C ニンニク（みじん切り）…小さじ1/2
　サラダ油…適量
D ホールトマト…1/2缶分
　ヌックマム…小さじ1
　グラニュー糖…小さじ1
　水…150ml
水溶き片栗粉…適量

③肉団子のトマト煮（3本分）

1　**A**を混ぜ、豚挽き肉と混ぜ合わせる。**B**を加え、さらに混ぜる。30gずつ丸める。
2　鍋に**C**を入れて炒め、香りが立ってきたら、**D**を加えて煮立てる。
3　**2**に**1**を加え、ひと煮立ちしたら弱火にする。約20分煮て火を通し、水溶き片栗粉でとろみをつける。

ハニーレモングラスチキンのバインミー (P.16)

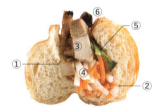

① 無塩バター
② 自家製マヨネーズ
③ ハニーレモングラスチキン…鶏モモ肉1/2枚分
④ 大根とニンジンのなます
⑤ 香菜
⑥ シーズニングソース

鶏モモ肉…大2枚（600g）
A レモングラス（みじん切り）…1本分
　ニンニク（みじん切り）…1片分
　コブミカンの葉（みじん切り*）…1枚
　ヌックマム…大さじ1.5
　料理酒…小さじ1
　ハチミツ…小さじ2
　黒コショウ（粗挽き）…少量
＊：筋を取ってからみじん切りにする。

③ハニーレモングラスチキン（約4本分）

1　**A**を混ぜ合わせ、鶏モモ肉を約1時間漬け込む。
2　250℃のオーブンで皮目を上にして約15分焼き、天板の前後を入れかえてさらに12分焼く。

ベトナムサバカレーのバインミー (P.18)

① 無塩バター
② 自家製マヨネーズ
③ ベトナムサバカレー…適量
④ 大根とニンジンのなます
⑤ 香菜
⑥ シーズニングソース

サバ…1尾
A レモングラス（みじん切り）…20g
　玉ネギ…200g
　ニンニク…20g
　ショウガ（みじん切り）…10g
B カレー粉（ベトナム産）…大さじ1/2
　ヌックマム…大さじ1と1/3
　グラニュー糖…大さじ1と1/3
ココナッツミルク…1缶（400ml）

③ベトナムサバカレー（約4本分）

1　サバは三枚におろし、塩（分量外）をふり、魚焼きグリルで軽く焼く。
2　**A**をサラダ油（分量外）で炒め、しんなりしてきたら**B**を加えてさらに炒める。ココナッツミルクを加え、弱火にして約10分煮込む。
3　**1**を加え、汁気がなくなるまで煮詰める。

ベトナムサンドウィッチ Thao's（タオズ）

基本のパーツ（つくり方と1本あたりの分量）

豚肉のバインミー

大根とニンジンのなます　自家製マヨネーズ
香菜　タレ

自家製マヨネーズ…大さじ1.5
ホーチミンのバインミー屋さんでよく見かけるバターに似た黄色いクリームを再現したもの。油脂の割合が多く、まろやかな味わい。パンの切り込みの下側にぬる。

大根とニンジンのなます…55g
大根とニンジンの割合は2：1。味は甘めにし、ヌックマムを少し入れて味を締め、旨みを加えている。

香菜（ざく切り）…適量

タレ…大さじ1
シーズニングソースに煮切りミリンを足して味わいをまろやかにしたもの。パンの切り込みの上側にぬる。

チャイニーズ風ローストポークのバインミー (P.10)

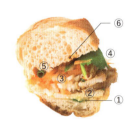

① 自家製マヨネーズ
② チャイニーズ風ローストポーク…55〜60g
③ 大根とニンジンのなます
④ 香菜
⑤ 細ネギ…適量
⑥ タレ

②チャイニーズ風ローストポーク（4本分）

1　Aを混ぜて豚肉をひと晩漬け込む。
2　200℃のオーブンで30分焼く。表面が焦げないようにアルミホイルをかぶせ、さらに約20分、中まで火が通るまで焼く。
3　アルミホイルに包んで冷まし、冷めたら好みの厚さにスライスする。
4　漬けダレを煮詰め、3にからめる。

豚ロース肉（ブロック）…500g
A 玉ネギ（すりおろし）…1/2個分
　ニンニク（すりおろし）…2片分
　ショウガ（すりおろし）…1片分
　オイスターソース…大さじ1
　甜麺醤…大さじ1
　芝麻醤…大さじ1
　ゴマ油…大さじ1/2
　醤油…大さじ3.5
　グラニュー糖…大さじ5
　塩…小さじ1/2

レモングラス豚焼き肉のバインミー (P.11)

① 自家製マヨネーズ
② レモングラス豚焼き肉…55〜60g
③ 大根とニンジンのなます
④ 香菜
⑤ 細ネギ…適量
⑥ タレ

②レモングラス豚焼き肉（4本分）

1　Aを混ぜ、豚バラ肉を1時間以上漬ける。
2　少なめの油でレモングラスやニンニクがこんがり色づき、全体に照りが出るまで炒める。

豚バラ肉（スライス）…500g
A レモングラス（みじん切り）…2本分
　玉ネギ*…1個
　ニンニク（みじん切り）…5片分
　ヌックマム…40g
　グラニュー糖…25g
　ハチミツ…15g
＊：フードプロセッサーでピュレ状にしておく。

蒸し鶏ネギ油和えのバインミー (P.15)

① 自家製マヨネーズ
② 蒸し鶏ネギ油和え…55〜60g
③ 大根とニンジンのなます
④ 香菜
⑤ フライドオニオン…適量
⑥ タレ

②蒸し鶏ネギ油和え（2本分）

1　鶏胸肉は中に火が通るまで約18〜19分蒸し、冷ましてから皮をはがす。皮はみじん切りにし、肉はさき、混ぜ合わせる。
2　ネギ油とヌックマムを加え混ぜる。

| 鶏胸肉…1枚 |
| ネギ油*…大さじ1 |
| ヌックマム…大さじ1/2 |

*細ネギを小口切りにして耐熱容器に入れ、煙が出るまで熱したキャノーラ油をまわしかける。

五香粉ローストチキンのバインミー (P.17)

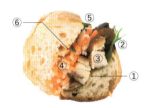

① 自家製マヨネーズ
② 大葉…適量
③ 五香粉ローストチキン…55〜60g
④ 大根とニンジンのなます
⑤ 香菜
⑥ タレ

②五香粉ローストチキン（4本分）

1　鶏モモ肉は筋と余分な脂を取りのぞく。**A**を混ぜて、そこに1〜2時間漬け込む。
2　1を皮目を上にして網にのせ、200℃のオーブンで20分焼く。漬けダレを表面にぬり、さらに約10分、中まで火が通るまで焼く。

鶏モモ肉…2枚
A ニンニク（みじん切り）…2片分
　細ネギ（小口切り）…1本分
　シーズニングソース…大さじ1.5
　ハチミツ…大さじ1.5
　五香粉…小さじ1
　白コショウ…小さじ1

レモングラス厚揚げ豆腐のバインミー (P.22)

① 自家製マヨネーズ
② 細ネギ…適量
③ 大根とニンジンのなます
④ レモングラス厚揚げ豆腐…55〜60g
⑤ 香菜
⑥ タレ

②レモングラス厚揚げ豆腐（2本分）

1　厚揚げは半分の厚さに切る。
2　**A**を混ぜ、1を約30分漬け込む。
3　フライパンにキャノーラ油（分量外）を中火で熱し、2を片面ずつ焼きながら、**B**を炒める。レモングラスとニンニクは焦げやすいので目を離さないように注意し、レモングラスがパリっとするまで炒めて、からめる。

厚揚げ…小4丁（260g）
A ヌックマム…大さじ1/2
　シーズニングソース…大さじ1
　グラニュー糖…大さじ1.5
　塩…少量
B レモングラス（みじん切り）…2本分
　ニンニク（みじん切り）…2片分
　赤唐辛子（生・みじん切り）…2本分

エビスバインミーベーカリー

基本のパーツ（つくり方と1本あたりの分量）

ヌックチャム　マヨネーズ　香菜　大根とニンジンのなます
ホットチリソース　無塩バター　キュウリ

無塩バター…大さじ1
パンの切り込みの下側にぬる。

マヨネーズ…大さじ1.5
パンの切り込みの上側にぬる。

キュウリ（縦薄切り）…1枚

大根とニンジンのなます…60g
大根500g、ニンジン250gを細切りにし、三温糖100g、酢72gを混ぜる。やや甘みが強いが、全体的にさっぱりとした味わい。

香菜（ざく切り）…適量

ホットチリソース…適量
辛みがおだやかで旨みのあるベトナム製を使用（右写真）。

ヌックチャム…適量
ヌックマムを水で薄め、グラニュー糖と酢を加え混ぜたもの。

豚肉のバインミー

ベトナムハムのバインミー (P.9)

①無塩バター
②マヨネーズ
③キュウリ（縦薄切り）
④レバーパテ…30g
⑤ベトナムハム（P.32）…60g
⑥自家製豚肉のでんぷ（解説省略）…適量
⑦大根とニンジンのなます
⑧香菜
⑨ホットチリソース
⑩ヌックチャム

豚カシラ挽き肉…180g
豚レバー（生）…180g
豚肩ロース挽き肉…360g
豚皮（下ゆでしたもの）…100g
背脂…50g
ニンニク（みじん切り）…24g
グラニュー糖…6.4g
旨み調味料…3.8g
白コショウパウダー…2.6g
シナモンパウダー…1g
塩…4g
フランスパン（P.52）…3/5本
生クリーム…50g

④レバーパテ（つくりやすい分量）

1 フードプロセッサーに豚カシラ挽き肉を入れて回し、なめらかにする。上から材料を1種ずつ加え、そのつどなめらかになるまで回す。

2 耐熱容器の底に背脂（分量外）をぬる。1を流し込み、中心まで火が通るまで蒸す。

揚げ春巻のバインミー (P.13)

① 無塩バター
② マヨネーズ
③ キュウリ
④ 青パパイヤとニンジンと赤玉ネギのせん切り…適量
⑤ 揚げ春巻…3本
⑥ 香菜
⑦ ホットチリソース
⑧ ヌックチャム

⑤揚げ春巻（4本分）

1 春雨とキクラゲは水でもどし、みじん切りにする。
2 1とAを合わせ、粘り気が出るまでよくこねる。
3 2を4等分にし、水でもどしたライスペーパーで巻く。170℃の揚げ油（分量外）で約4分揚げる。

春雨…16g
キクラゲ…4g
A 豚挽き肉…100g
　サトイモ（みじん切り）…10g
　ニンジン（みじん切り）…10g
　玉ネギ（みじん切り）…10g
　細ネギ（小口切り）…5g
　ヌックマム…2ml
　塩、黒コショウ…各少量
ライスペーパー（直径約22cm）…4枚

サバのトマトソース煮バインミー (P.19)

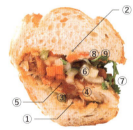

① 無塩バター
② マヨネーズ
③ キュウリ
④ サバのトマトソース煮…80g
⑤ シーズニングソース…適量
⑥ 大根とニンジンのなます
⑦ 香菜
⑧ ホットチリソース
⑨ ヌックチャム

④サバのトマトソース煮（約4本分）

1 サバは米酢に5分浸し、汁気を拭く。塩、コショウ、片栗粉（すべて分量外）をふり、サラダ油（分量外）をひいたフライパンで両面をこんがりと焼いて火を通す。
2 別のフライパンにサラダ油（分量外）をひき、ニンニクとショウガを炒める。香りが立ってきたら玉ネギを加えて透きとおるまで炒める。
3 Aを加えてひと煮立ちさせる。1を加え、煮汁がサバにからむまで煮詰める。

サバ（切り身）…2枚
米酢…適量
ニンニク（みじん切り）…2g
ショウガ（みじん切り）…2g
玉ネギ（スライス）…24g
A ホールトマト…160g
　シーズニングソース…6ml
　グラニュー糖…10g
　塩…2g

ハチミツバターバインミー (P.29)

① バター…2g
② ハチミツ…3～5g

1 フランスパンをまな板ではさんで平らにつぶす。
2 表面にバターとハチミツを順番にぬる。
3 180℃のオーブンで3～4分間焼くか、表面をバーナーであぶる。

バインミー シンチャオ

基本のパーツ（つくり方と1本あたりの分量）

レバーパテ…約大さじ1.5
豚レバー使用。レバーは牛乳に30〜45分浸してくさみを抜き、水気を拭きとって炒める。焦がすように炒めたニンニクと玉ネギとともに、フードプロセッサーでペースト状にする。パンの切り込みの下側にぬる。

バッチュン…約大さじ1.5
卵バターという意味。ベトナムではバター代わりにバインミーに使われる。卵の黄身にサラダ油を少量ずつ混ぜながら泡立て、塩、コショウで味をととのえたもの。パンの切り込みの上側にぬる。

タレ…適量
自家製チャーシュー（下記）の煮汁に、スライスして炒めた玉ネギを加えて煮詰め、砂糖で味をととのえたもの。

キュウリ…適量

大根とニンジンのなます…適量
大根400gとニンジン200gを繊維に沿って切り、水洗いして水切りする。酢150ml、レモン汁20ml、水70ml、砂糖150gを混ぜて大根とニンジンを4時間以上漬ける。

ホットチリソース…適量

長ネギ…適量
現地では細い青ネギを使うが、日本の店舗では長ネギを使用。長ネギカッターでさく。

香菜…適量

ミチャバインミー（P.8）

① レバーパテ
② バッチュン
③ タレ
④ キュウリ
⑤ 大根とニンジンのなます
⑥ ホットチリソース
⑦ ベトナムハム（市販）…3枚
⑧ 自家製チャーシュー…8枚
⑨ タレ
⑩ 長ネギ
⑪ 香菜

⑧自家製チャーシュー（つくりやすい分量）

1　豚バラ肉は4cm角、長さ10cmに切り分け、弱火にかけたフライパンで中に火が通るまで焼く。
2　鍋にAを入れて沸かし、1を加えて45分煮る。

豚バラ肉（かたまり）…1kg
A　醤油…300ml
　　ニンニク（すりおろし）…大さじ1/2
　　砂糖…120g
　　五香粉…大さじ1/3
　　黒コショウ…大さじ1/3

焼き鳥肉バインミー (P.15)

① レバーパテ
② バッチュン
③ タレ
④ キュウリ
⑤ 大根とニンジンのなます
⑥ ホットチリソース
⑦ 焼き鳥肉…モモ肉 1/2 枚分
⑧ タレ
⑨ 長ネギ
⑩ 香菜

⑦焼き鳥肉（2本分）

1 鶏モモ肉は 2〜3cm 幅に切る。
2 **A** の材料をすべて混ぜ、**1** を 2 時間以上漬け込む。
3 焼き網にのせて直火でこんがり焼く。

鶏モモ肉…300g（1 枚）
A レモングラス（せん切り）…2 本
　玉ネギ（すりおろし）…大さじ 1/2
　ニンニク（すりおろし）…大さじ 1/2
　ヌックマム…8ml
　ハチミツ…適量
　グラニュー糖…20g
　塩…3g
　黒コショウ…大さじ 1/3

目玉焼きバインミー (P.23)

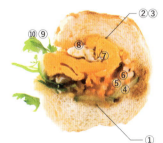

① レバーパテ
② バッチュン
③ タレ
④ キュウリ
⑤ 大根とニンジンのなます
⑥ ホットチリソース
⑦ 目玉焼き…全卵 2 個分
⑧ タレ
⑨ 長ネギ
⑩ 香菜

⑦目玉焼き（1本分）

卵…2 個
揚げ油…適量

1 卵は揚げ焼きする。

足立由美子

基本のパーツ（つくり方と1本あたりの分量）

マーガリン

青パパイヤとニンジンのなます

大根とニンジンのなます　ニンジンのなます

マーガリン…大さじ1と1/2
「たっぷりとぬるのがバインミーのおいしさのポイント」（足立さん）。パンの切り込みの両側にぬる。

なます（青パパイヤとニンジン／大根とニンジン／ニンジン）…適量
なますはメインの具材に合わせて、3種類を使い分ける。

豚肉のバインミー

パテとハムのバインミー (P.9)

③ハム2〜3種*…各1〜2枚
②レバーパテ（P.33）…40g
①マーガリン
④青パパイヤとニンジンのなます
⑤シーズニングソース…適量
⑥細ネギ、玉ネギ、香菜、赤唐辛子（生）、黒コショウ…各適量

＊：ここではももハム1枚、パストラミ1枚、ボローニャソーセージ2枚を使用。好みの市販品をはさめばよい。

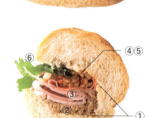
⑥　④⑤
③
②
①

④青パパイヤとニンジンのなます（つくりやすい分量）

1　青パパイヤとにんじんは塩をまぶして4〜5分おく。
2　甘酢をつくる。グラニュー糖を湯に混ぜて溶かし、米酢を加え混ぜる。
3　1の水気を絞り、甘酢に30〜40分漬ける。軽く水気を切ってはさむ。

青パパイヤ（せん切り）…250g
ニンジン（せん切り）…80g
塩…ひとつまみ
甘酢
　グラニュー糖…大さじ3
　湯…大さじ2
　米酢…50ml

シウマイ バインミー (P.13)

②シウマイとタレ…2個と適量
④香菜、赤唐辛子（生）、黒コショウ…各適量

④
③
②
①

①マーガリン
③大根とニンジンのなます

②シウマイとタレ（4本分）

1　Aをよく混ぜ合わせ、8等分して丸める。
2　竹串で真ん中に穴を開けてバットに並べ、蒸し器で約10分蒸す。バットにたまった汁は取り置く。
3　鍋に2で取り置いた汁50mlとBを入れて弱火にかける。沸いたら、水で溶いた片栗粉を加え混ぜてとろみをつけてタレとする。シウマイはつぶしながらパンにぬり、タレをかける。

A 豚挽き肉…200g
　キクラゲ（乾燥）*…2g
　玉ネギ（薄切り）…3/4個
　ニンニク（みじん切り）…1片分
　溶き卵…大さじ2
　シーズニングソース…大さじ1と1/3
　黒コショウ…小さじ1強
B シーズニングソース…小さじ2
　グラニュー糖…小さじ1
　ミリン…小さじ1
片栗粉…小さじ1/2
水…小さじ1

＊：水でもどして粗みじん切りにする。

③大根とニンジンのなます（つくりやすい分量）
1 大根とニンジンは塩をまぶして4〜5分おく。
2 1の水気を軽く絞り、甘酢に30〜40分漬ける。軽く水気を切ってはさむ。

| 大根（せん切り）…250g
| ニンジン（せん切り）…80g
| 塩…ひとつまみ
| 甘酢（左記）…全量

春菊入りふわふわオムレツのバインミー（P.24）

 ②春菊のオムレツ …卵2個分

④シーズニングソース、ホットチリソース、黒コショウ …各適量

 ①マーガリン

 ③ニンジンのなます…20g

②春菊のオムレツ（1本分）
1 春菊はゆでてザルにあげ、冷ます。みじん切りにして、水気を絞る。
2 卵を割りほぐし、Aと1を加え混ぜる。
3 フライパンにサラダ油を熱し、2を流し込む。大きくかき混ぜながら、ふんわりと焼き上げる。

| 春菊…1/5パック（約40g）
| 卵…2個
| **A** ヌックマム…小さじ1
| グラニュー糖…小さじ1/2
| 黒コショウ…少量
| サラダ油…大さじ1

③ニンジンのなます（つくりやすい分量）
1 ニンジンは塩をまぶしてしばらくおく。
2 1の水気を絞り、甘酢に約15分漬ける。軽く水気を切ってはさむ。

| ニンジン（せん切り）…150g
| 塩…ひとつまみ
| 甘酢（左記）…適量

バインミー ケップケム（アイスクリームのバインミー）
バインミー ショコラ（P.28）

③ピーナッツ（きざむ）…適量

③板チョコ（ベトナム・MAROU）…15g

 ②練乳…適量

①バニラアイス（ハーゲンダッツ）…50g

②グラニュー糖…小さじ1/2弱

①エシレバター（有塩）…10g

ベトナムのMAROU社のチョコレート。近年、カカオの生産に力を入れているベトナムでは、ビーントゥーバーの工房がいくつもオープンしている。

バターはフランス産。エシレ社のものを使用。

スタンドバインミー

豚肉とコブミカンの葉のとんかつバインミー (P.12)

- ③豚肉とコブミカンの葉のとんかつ…1枚
- ⑥ピーナッツ（くだく）…適量
- ⑤香菜、スペアミント、ディル…各適量
- ②大根とニンジンのなます…適量
- ④オレンジのソース…大さじ1.5
- ①ナンプラー…適量

②大根とニンジンのなます（つくりやすい分量）

大根…1/2本
ニンジン…2本
A アップルヴィネガー…400ml
　きび砂糖…60g
　塩…3g
　ローリエ…2枚
　水…100ml

1　大根とニンジンは3mm角のせん切りにする。塩（分量外・適量）をふって15分以上おく。水洗いし、水気を絞る。
2　鍋にAを入れて中火にかけ、ひと煮立ちしたら1を入れて火から下ろす。30分以上漬ける。
3　水気を絞り、冷蔵庫で冷やす。

③豚ロースとコブミカンのとんかつ（1本分）

コブミカンの葉…4枚
豚ロース薄切り肉…5枚
薄力粉、溶き卵、パン粉…適量
塩、コショウ…各適量

1　コブミカンの葉は筋を取り除き、細かくみじん切りにする。
2　豚ロース肉1枚に1の1/4量をまんべんなくふり、肉を1枚重ねる。これをくり返す。
3　2の両面に強めに塩、コショウをふり、薄力粉、溶き卵、パン粉に順番にくぐらせる。
4　170℃の揚げ油（分量外）で両面がきつね色になるように揚げる。

④オレンジのソース（つくりやすい分量）

オレンジ…1個
赤ワインヴィネガー…30ml
きび砂糖…3g
チキンブイヨン（解説省略）…150ml
塩、コショウ…各適量

1　オレンジの半分は果汁を絞り、もう半分は皮と薄皮を取り除いて果肉を取り出す。
2　小さめの鍋に赤ワインヴィネガーときび砂糖を入れて中火にかけて煮詰める。1の果汁を加えてさらに煮詰める。
3　半量になったら、チキンブイヨンと1の果肉を加える。とろみがついたら火を止め、塩、コショウで味をととのえる。

リエット×ベトナムカカオのバインミー (P.12)

- ③バルサミコソース…小さじ1.5
- ⑤カカオニブ（ベトナム産）…適量
- ②大根とニンジンのなます（上記）…適量
- ④香菜、スペアミント、ディル…各適量
- ①豚肉のリエット…大さじ4

①豚肉のリエット
（つくりやすい分量）

ニンニク（軽くつぶす）…3片
豚バラブロック肉（5cm幅に切る）
　…500g
玉ネギ（薄切り）…100g
A チキンブイヨン（解説省略）…450ml
　白ワイン…100ml
　サラダ油…大さじ1
B 黒粒コショウ…10粒
　タイム…4枝
　イタリアンパセリ…1本
　ローリエ…1枚
C 黒コショウ（挽いたもの）…1g
　ナンプラー…大さじ1

1　鍋にオリーブ油（分量外・適量）とニンニクを入れて中火にかけ、香りが立ってきたら豚バラ肉を加える。
2　豚バラ肉に焼き色がついたら玉ネギを加える。玉ネギが透きとおってきたら、**A**を加えてひと煮立ちさせ、アクをすくう。
3　**B**を加えて弱火にし、フタをして約1時間、肉に竹串がスッと通るくらいやわらかくなるまで煮る。その間、15分おきにフタを開け、水分が肉の1/3くらいの高さになるよう、チキンブイヨン（分量外・適量）を足して調整する。
4　煮汁の上に透明な脂の層ができているので、これを取りおく。煮汁も取りおく。肉を取り出し、フードプロセッサーに移す。
5　4のフードプロセッサーを5秒ほど回し、肉の繊維が軽く残った状態になったら**C**と4の煮汁を適量加えてさらに5秒ほど回す。
6　ボウルに移し、ボウルの底に氷水を当てながら混ぜて冷ます。保存容器に空気が入らないように詰め、表面に4で取りおいた脂を流し、冷蔵庫で冷やしかためる。

③バルサミコソース
（つくりやすい分量）

バルサミコ酢…大さじ2
きび砂糖…大さじ1
ナンプラー…大さじ1
バター…10g
黒コショウ…適量

1　小さめの鍋に材料をすべて入れて中火にかけ、とろみがつくまで煮詰める。

ココナッツチキンカレーのバインミー（P.18）

③ココナッツチキンカレー炒め…下記分量の1/2
⑥フライドオニオン…適量
②大根とニンジンのなます（左記）…適量
⑤香菜、スペアミント、ディル
④ショウガ（せん切り）…1片分
①ナンプラー…適量

鶏モモ肉…1枚
A ニンニク（すりおろし）…小さじ1
　ショウガ（すりおろし）…小さじ1
玉ネギ…1/4個
赤パプリカ…1/4個
オリーブ油…適量
シナモンホール…1g
B コリアンダーパウダー…1g
　ガラムマサラ…1g
　チリパウダー…0.5g
C ココナッツミルク…50ml
　ナンプラー…小さじ2
　水…50ml

③ココナッツチキンカレー炒め（2本分）

1　鶏モモ肉は小さめのぶつ切りにする。**A**をからめてラップフィルムをかけ、冷蔵庫に10分以上おく。
2　玉ネギは薄切りにする。赤パプリカは約2cm幅に切る。
3　小さめの鍋にオリーブ油とシナモンを入れて中火にかける。香りが立ってきたら、玉ネギを加える。透きとおってきたら赤パプリカを加え、約3分炒める。
4　1を加えて炒め合わせる。鶏肉の表面が白くなったら**B**を加え、焦がさないように炒める。
5　スパイスの香りが立ってきたら、**C**を加え、汁気がとぶまで炒める。

白身魚のムニエル×レモングラスソースのバインミー（P.20）

②シメジのソテー…適量
④レッドスプラウト…適量
⑤白煎りゴマ…適量
①白身魚のムニエル…1切れ
③レモングラスのソース…大さじ1.5

045

①白身魚のムニエル（1本分）

タラ…1切れ
小麦粉…適量
バター…大さじ1
オリーブ油…大さじ1
塩、コショウ…各適量

1 タラはバットに並べて両面に塩を軽くふり、ラップフィルムをかけて冷蔵庫に10分おく。
2 表面の水分をキッチンペーパーできれいに拭き取る。両面に軽くコショウをふり、小麦粉をまぶす。
3 フライパンにバターとオリーブ油を入れて中火にかける。パチパチと音がしてきたら**2**を表にしたい面を下にして入れる。焼き色がついたら裏返して弱火にし、フライパンをかたむけて、油をスプーンですくいかけながら約5分焼く。タラを取り出して油をきる。同じフライパンでシメジのソテー（右記）をつくる。

②シメジのソテー

シメジ…適量
オリーブ油、塩、コショウ…各適量

1 白身魚のムニエルを焼いたフライパンの油をキッチンペーパーで軽く拭く。オリーブ油を加え、シメジを軽く炒め、塩、コショウで味をととのえる。

③レモングラスソース（つくりやすい分量）

オリーブ油…大さじ1
ニンニク（すりおろし）…小さじ1
レモングラス（細かいみじん切り）
　…1本分
A きび砂糖…小さじ2
　　ナンプラー…小さじ1
　　レモン汁…小さじ1

1 小さめの鍋にオリーブ油とニンニクを入れて弱火にかける。ニンニクの香りが立ってきたら、レモングラスを加えて軽く炒める。
2 **A**を加え混ぜる。砂糖が溶けたら火から下ろす。

サーモンコンフィ×紫キャベツのマリネのバインミー (P.21)

②サーモンコンフィ…150g
①ナッツソース…約大さじ1
⑤カシューナッツ…適量
④香菜、スペアミント、ディル
③紫キャベツのマリネ…適量

①ナッツソース（つくりやすい分量）

ピーナッツバター…大さじ1
メープルシロップ…小さじ1
ナンプラー…小さじ1/2

1 材料をすべて混ぜ合わせる。

②サーモンコンフィ（1本分）

サケ（刺身用）…150g
塩、コショウ…各適量
A ローリエ…1枚
　　タイム…1枝
　　オリーブ油…100ml

1 バットにサケを置き、両面に塩とコショウを軽くふる。ラップフィルムをかけて冷蔵庫に2時間おく。
2 ジップ袋に**1**と**A**を入れ、空気を抜いて口を閉じる。
3 鍋に40℃の湯を沸かし、**2**を入れる。温度を40℃に保ったまま10分間おく。鍋を火から下ろし、鍋に入れたまま冷ます。

③紫キャベツのマリネ（つくりやすい分量）

紫キャベツ（せん切り）…100g
塩…小さじ1/2
A 白ワインヴィネガー…小さじ1
　　オリーブ油…小さじ1
　　ナンプラー…小さじ1/2

1 紫キャベツは塩をまぶして5分おく。
2 **1**の水気を絞り、**A**を加え混ぜる。

SHOP INFORMATION

バインミー☆サンドイッチ

原点はボリュームたっぷりのカナダのバインミー

It's my bánh mì style　木坂幸子

　私が初めてバインミーを食べたのは語学留学先のカナダでした。安くておいしくて、1本でいろいろな食感が一度に味わえるところに感激して、週に3回は食べていました。カナダで英語を勉強した後はアメリカのベーグル屋で修業するつもりだったんですが、日本はベーグル屋が増えてきていた一方、バインミー専門店はまだほとんどなかったので、バインミー屋をやろうと決めました。

　カナダのバインミーは具材たっぷりで、手がべたべたになるくらいガーリックマヨネーズをぬるのに、そのオイリーさがクセになります。ベトナムではアクセント程度に入れることが多いなますも、カナダではたっぷり。1本食べたらお腹いっぱいになる満足感がいいなぁと思っていたので、自分の店でも、また食べたいと思ってもらえるよう、ボリュームたっぷりのバインミーを提供しています。

　もともとはベーカリーをやりたかったこともあり、パンは開業以来、ずっと自家製。開業前にネットでベトナムのパンのつくり方を調べて研究したのですが、小麦粉に加えて米粉も使うとあり、配合にはずいぶん苦労しました。その後、米粉を使うベーカリーは実はほとんどないと知ったのですが、軽やかなパリパリ感が出せるので、いまでもあえて使っています。また、2018年にオープンした水道橋店のオーブンは高田馬場店とは機種が違い、同じ生地だともっちりしすぎてしまうので、配合を変えています。2019年には移動販売車を持ったので、今後はいろいろな場所でおいしいバインミーをもっとたくさん売っていきたいと思っています。

REGULAR MENU（値段は右がハーフサイズ）
サイゴンハム＆豚パテ　650円／390円
ベトナムハム＆レバーペースト　630円／370円
エビアボカド　630円／370円
肉団子のトマト煮　630円／370円
牛焼肉　630円／370円
カリカリ豚　630円／370円
豚焼肉　630円／360円
ベトナムチキンカレー　630円／370円
ベジチーズ　550円／330円
卵＆パテ　550円／330円

PROFILE
きさか さちこ

飲食店やベーカリーなどでの勤務を経て、29歳でカナダに留学。バインミーに出会う。帰国後、日本にはまだほとんどなかったバインミー専門店を2010年に開業。一番好きなバインミーの具材はハムとパテ。

SHOP DATA
高田馬場店
東京都新宿区高田馬場4-9-18
03-5937-4547
平日 11：00～19：00、土曜日 11：00～18：00、祝日 11：00～17：00／日・月曜日定休
水道橋店
東京都千代田区神田三崎町1-4-9
03-6876-8545
11：00～20：00／日・月曜日定休
https://banhmi3.exblog.jp/

SHOP INFORMATION
ベトナムサンドウィッチ Thao's（タオズ）

白いごはんに合うベトナムおかずをバインミーにアレンジ

It's my bánh mì style　小坂由紀

　新しいメニューを考えるときは、ベトナムで食べたバインミーをそのまま再現するというよりは、現地では白いごはんと一緒に食べられているおかずで、「これ、バインミーにしたらおいしいだろうな〜」と思うものをメインの具材にすることが多いです。レシピを決めるまではネットや動画サイトでひたすらつくり方を調べます。そうすると、それぞれの料理に欠かせない、核となる工程や調味料、材料がだいたいわかってきます。そこをはずさずに、あとは自分好みの味わいになるよう試行錯誤して調整しています。

　定番のハムとパテのバインミーも常時提供していますが、よそのお店がやっていないオリジナルメニューをたくさん揃えたいという気持ちがあります。それでいて誰にでも食べやすいメニューとして考案したのが「蒸し鶏 ネギ油和え」バインミー。蒸した鶏肉はさっぱりしていて、味わいのイメージもつきやすいので、バインミーを食べたことのないひとにも「食べてみようかな」と思ってもらいやすいのではないかと考えました。その一方、ネギ油やヌックマムといったベトナムの調味料で味つけすることでバインミーらしさもしっかりと打ち出しています。

　どのバインミーにも入る基本のパーツはタレ、香菜、大根とニンジンのなます、自家製マヨネーズで、蒸し鶏のようなさっぱりとした具材ならフライドオニオンでコクを、五香粉ダレのローストチキンなら大葉で、豚肉の漬け焼きならば細ネギでさっぱり感を、と何かひとつ薬味を足して全体的な味のバランスをととのえています。

REGULAR MENU（値段は右がハーフサイズ）
自家製ベトナムハムとレバーパテ　600円／400円
レモングラス豚ばら焼き肉　620円／420円
五香粉ローストチキン　630円／430円
チャイニーズ風ローストポーク　650円／450円
蒸し鶏 ネギ油和え　550円／370円
白身魚の香草フリット　620円／420円
期間限定メニュー1品

SHOP DATA
神奈川県川崎市中原区木月 2-1-1
044-982-3299
http://banhmithaos.com
月・水〜金曜日 10：30〜19：30、土・日曜日＆祝日〜18：30
火曜日定休

PROFILE
こさか ゆき

アメリカのポートランドに語学留学中にバインミーにハマる。帰国後、会社員、ベトナム料理店などを経て、憧れの店「バインミー☆サンドイッチ」で研修を受け、2015年に開業。一番好きなバインミーの具材は焼きたてオムレツのバインミー。

SHOP INFORMATION
エビスバインミーベーカリー

鮨やおにぎりが海外で思わぬ進化をしているように、日本ならではのバインミーを

It's our bánh mì style　チョップスティックスグループ

生麺フォーの店「チョップスティックス」などを展開するチョップスティックスグループの新業態として開店した「エビスバインミーベーカリー」。バインミー専門店であると同時にベーカリーとしてバインミー用フランスパンの小売りと卸販売も行う。代表の茂木さんはフォー、ベトナム居酒屋に続いてバインミーというジャンルに取り組んだ理由を「ベトナムや日本の専門店の売り上げを聞いて、これから日本でも伸びていく分野だと感じた」からだと語る。

パンの製法は初代店長片岡亨さんと本社企画開発部トーンさんがベトナム北部の地方の町のベーカリーに修業に行って教わってきた。「引きがなくて、歯切れがよく、皮はパリパリで中はふわふわ。咀嚼するうちにパンと具材が一緒になくなっていくのが理想です。かといって、パンがスカスカすぎると具材の味しかしなくておいしくない」(片岡さん)。ベトナムと日本では気候も粉も異なるため、レシピができるまでは苦労した。現在では、40年以上のキャリアを持つパン職人の石原さんが製パンの担当を受け継ぎ、日々ブラッシュアップを重ねている。

メニュー開発はチョップスティックス 吉祥寺店の店長秋村さんが主に担当。「石原さんがどんな具材にもあうパンをつくってくれているので、おいしくなれば何をはさんでもアリだと思っています。鮨やおにぎりが海外で思わぬ形に進化したように、バインミーにガイヤーン(タイの焼き鳥)をはさんだっていい。どんどん遊んでみたいと思っています」。週がわりのバインミーのレシピ考案はベトナム人のトーンさんの担当。揚げ春巻きをはさむなど、斬新な発想でバインミーの世界をさらに広げている。

REGULAR MENU（値段は右がハーフサイズ）
バインミーサイゴン　780円／550円
豚肉レモングラス焼きバインミー　680円／500円
チキンサテー焼きバインミー　630円／450円
チョップドサラダバインミー　580円／400円
ベトナムハムのバインミー　630円／450円
エビチリマヨとアボカドのバインミー　780円／550円
揚げサバトマトソース煮込みバインミー　680円／500円
揚げ豆腐と季節野菜のバインミー　680円／500円
週替わりバインミー1品

SHOP DATA
東京都渋谷区恵比寿1-8-14 えびすストア内
03-6319-5390
http://ebis-banhmi.com
11:00～20:00／定休日なし

左から、系列店「チョップスティックス」吉祥寺店店長でエビスバインミーベーカリーのメニュー考案を担当する秋村幸太郎さん、同店を経営する株式会社フクモレストランマネジメントサービス代表の茂木貴彦さん、同社本社にて企画開発を担当するタン ヴァントーンさん。右写真は製パン担当の石原健一さん。

SHOP INFORMATION

バインミー シンチャオ

出身地であるベトナム中部の味をできるだけ忠実に再現して提供したい

It's my bánh mì style　Bùi Thanh Duy

　私はベトナム中部のクアンナム省で生まれ育ちました。町自体が世界遺産である古都ホイアンや、観光客が増えているダナンのある地域です。ゆくゆくは日本で起業しようと思って来日し、三重県の大学で経営学を学びました。バインミー専門店を開業しようと思いついたのは、東京に遊びに行った際にケバブ屋に行列ができているのを見たとき。ケバブよりもバインミーのほうがおいしいし、世界中でガイドブックを発行している出版社による「世界で最もおいしいストリートフード TOP10」に選ばれたのも知っていたので、これから必ず流行ると思いました。また、ベトナムのバインミーを日本の人にも、もっと知ってほしいという思いもありました。

　ベトナムは地域によって味つけに特徴があり、南部は甘い味の料理が多いのですが、中部はしょっぱくて濃いめの味つけが好まれます。私も小さい頃から食べ慣れた、ヌックマムや醤油をしっかりときかせた味わいが好きです。具材やすべてのバインミーの仕上げにかけるタレのレシピは共同経営者である弟と相談しながら決めたのですが、どれもベトナム中部らしいしっかりとした味つけになっていると思います。日本人向けにアレンジするつもりはありません。できるだけ現地の味を再現し、在日ベトナム人の方にはなつかしさを、日本の方には本格的な味わいを感じていただきたいと思っています。バインミーに欠かせないと考えている具材は薄切りのキュウリ。ハーブはベトナムだとタデやアジアバジル、ミントを入れることが多いですが、日本には香菜が好きな方が多いので、すべてのバインミーに入れるようにしています。

REGULAR MENU（値段は右がハーフサイズ）
ミチャバインミー　530円／350円
焼き豚肉バインミー　530円／350円
焼き鳥肉バインミー　530円／350円
目玉焼きバインミー　530円／350円
ヌックマム漬け豚肉バインミー　530円／350円
スペシャルバインミー　680円

SHOP DATA
東京都新宿区高田馬場 4-13-9 笹尾ビル 1F
03-6279-1588
10：00～21：00
定休日なし

PROFILE
ブイ タン ユイ

短大卒業後、家業に携わり、2007年に来日。三重県の四日市大学経済学部を卒業後、16年に同大学在学中の弟ブイ タン タムさんとともにバインミーシンチャオを開業。18年にベトナムのホーチミンに支店をオープン。一番好きなバインミーはミチャバインミー。

SHOP INFORMATION
スタンドバインミー

自由であたらしい "フレンチベトナミーズ" バインミー

It's my bánh mi style　白井瑛里

　フランスの植民地だったベトナムには、いまでもフレンチコロニアル文化が息づいています。フランスの香りが残るベトナムの料理とワインはとても相性がよいですし、「自然派ワインとバインミーなら、フランスのように罪悪感なく昼飲みもしてもらえそう！」という思いもあって、フレンチベトナミーズスタイルのバインミーをランチの柱にしました。

　開業準備中、まず取り組んだのがパンの開発。以前からおいしいと思っていたカツサンドがあり、そのパンをつくっているお店に行って直接お願いしました。「バインミー用のパンをつくるのは初めてだけれど、面白そう！」とすぐに引き受けてくださり、うれしかったです。その後、お互いが納得するまで何度も試作を繰り返して2種類のパンが完成。ひとつは米粉入りのもっちりふわふわな「オリジナルパン」。もうひとつは、国産無農薬の小麦粉にふすまと米粉を加えた、歯切れがよくて香り高い「プレミアムパン」です。

　通常メニューは自家製ハムとレバーパテ、サバのトマトソース煮など、現地のスタイルを取り入れていますが、今回ご紹介したバインミーはイベント出展時や期間限定で提供しているオリジナルのもの。どちらも、ワインにも合う上品で繊細な味に仕上げることを意識しています。バインミーの構成を考える時は、まずノートに白身魚のムニエル、トンカツといったメインになる具材と、レモングラスやコブミカンなどのベトナムらしさがでる食材をそれぞればーっと書き出します。面白そうな組み合わせを線でつなぎ、実際に試作をしてみて、なますやピクルス、ゴマやナッツなどのトッピングで全体の味わいを最終調整しています。

REGULAR MENU
プレミアムバインミー　1058円
オリジナルバインミー　842円
豚バラ肉バインミー　950円
サバトマトバインミー　918円
牛ほほ肉バインミー　950円

SHOP DATA
東京都目黒区鷹番 2-16-23 M＆K鷹番1F
https://standbanhmi.com
※ 2019年7月頃、上記住所に移転予定。
詳細は Instagram「@standbanhmi」にて。

PROFILE
しらい えり
会社員を経て、フランス料理店へ。2017年に学芸大学で独立開業。フランス料理をベースとし、有機野菜などのオーガニック食材を使い、無添加・無化調で自然派ワインに合う体にやさしいベトナム料理を提供。一番好きなバインミーの具材はレバーパテ。

パンいろいろ

バインミーにとって、どんなパンを使うかはとても重要なポイント。
各店こだわりの食感や味わいを、ぜひあなただけのバインミーづくりのご参考に！

バインミー☆サンドイッチ

23.5cm

毎朝各店舗で自家製する。しっかりとボリュームを出してふんわりさせ、米粉を加えて配合を工夫することで皮のパリパリ感をだしている。どんな具材をも受け止める上、そのまま食べてもおいしい。

銀座ロックフィッシュ
足立由美子

15.5cm

昔ながらの町のパン屋さんがつくるソフトなタイプのフランスパン。生地の製法はお店のもともとのフランスパンと同じだが、ホーチミンのバインミー屋でよく見かける短くてやや太っちょなフォルムに成形して焼いてもらっている。

エビスバインミーベーカリー

23cm

自家製。地方発送も行っているため、冷凍しても焼き戻せばおいしくなるように製法を工夫。粉はフランスパン用準強力粉2種類と国産小麦粉をブレンド。皮は薄く、中はソフトで、生地の目はほどほどに細かく均一。

ベトナムサンドウイッチ Thao's

24cm

卸専門の製パン店に特注。皮が薄く、生地は軽やかだがややむっちりとしている。形は中央がふくらんだベトナム南部でよく見るタイプ。あちらではクープは1本のものが多いが、軽やかに焼き上げるため、数本入れている。

バインミーシンチャオ

25cm

卸専門の製パン所に発注。使う本数が多いのでなかなか引き受けてもらえず、決まるまで苦労した。「中はふんわり、皮はパリパリでないとバインミーがおいしくない」という信条のもと、レシピを調整してもらっている。

スタンドバインミー

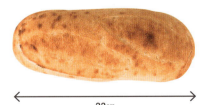

22cm

皮が薄くて歯切れがよく、中はもっちりした食感。やや甘めの生地で、そのまま食べてもおいしい。以前はパンの小売りもしていた中目黒のワインダイニング「タバーン コーナー」に特注し、試行錯誤の上、完成。

アンディ

16cm　　10cm

レストラン向けの卸販売を行う「スタイルブレッド」（群馬・桐生）の一般向けブランド「Pan&（パンド）」のもの。皮は薄く、中は軽やかで食事の味を引き立てる。バルミューダ社のスチームトースターで軽く温めている。

kitchen.

ベーカリー「コーデュロイ」（東京・瑞江）に特注。生地は空気のようにふわふわと軽く、皮は噛みきりやすいものをつくってほしいと、「本格派のバゲットじゃなく"ソフトフランス"のイメージでつくって」（鈴木さん）と発注。

22cm

パーラー江古田

17cm

存在感のある分厚い皮で、しっかりとした歯ごたえがありながらザクっと歯切れがよい。「素材そのものの味わい、おいしさを殺さない」ことを意識して、酵母は自家製レーズン種のみをごく少量使用。長時間発酵させている。

chioben

12cm

14.5cm

8cm

15cm

すべて「365日」（東京・代々木公園）のもの。左上から歯切れよく小ぶりな「365日×バゲット」、シンプルな味わいの「365日×食パン」、しっとりとした生地の「365日×ブリオッシュ」、もっちりして皮が薄い「100%＝ソンプルサン」。すべて国産小麦を2種類以上ブレンドして使用したもの。

足立由美子

パーラー江古田のブリオッシュ。ほどよい甘みがあり、生地はふんわり、しっとり。しっかりと濃い目の焼き色で、こうばしい香り。甘いバインミーにぴったり。

5.5cm

BÁNH MÌ Column

パン職人がつくる バインミーのパン

本書で取材したお店の中には、パン職人に特注したパンを使っているところも。ここでは、各店のパンをつくる職人にバインミーのパンづくりのコツをお聞きした。

エビスバインミーベーカリーのパン

石原健一さん（エビスバインミーベーカリー）

　薄くてパリパリとしたクラスト、やわらかくて、ある程度目の細かいクラム、具材を引き立てる控えめな味わい。バインミーのためのパンに求められるのは、40年以上のキャリアを通じて、私が考えるおいしいバゲットとはまるで逆。いままでの経験と技術を生かしつつも、「これこそがフランスパン」という長年の考えを捨てて、一から構成しなおさないといけませんでした。バゲットというよりはパン・ド・ミ（食パン）をつくるときに近いといえます。

　まず、ボリュームのある軽やかな生地にしつつ、冷凍しても味が落ちないようにするため、ドライイーストに加え、自家製のルヴァン液種（小麦粉からおこした液状酵母種）と18時間以上寝かせた前日の生地を配合。粉はフランスパン用準強力粉「リスドオル」（日清製粉）をベースに、歯切れと口どけをよくするために「セザンヌ」（奥本製粉）を、香りと味わいを深めるために「キタノカオリ100%」（平和製粉）をブレンドしています。

　ミキシングはグルテンの膜を切るようにし、「引きが強くない＝歯切れのよい」生地に。蒸気多めで焼成して一気に膨らませ、ふんわりとした食感にしています。また、バゲットのクープは本来カミソリを寝かせて入れますが、立てて浅めに入れることで丸く膨らませます。

　いままでつくってきたバゲットにくらべて生地がボクボクと軽い手ざわりで、個人的には物足りないんですけど、日本人にもおいしいと感じられる、ここにしかないバインミーのパンになっていると思います。

エビスバインミーベーカリー（P.49）

スタンドバインミーのパン

窪田直也さん（タバーン コーナー）

　目指したのは皮はやわらかく、中はふんわりして、歯切れがよいパン。フランスパンだけれども、食パンに近い感覚です。具材と合わせて食べるものなので、脇役に徹すること、軽く温めなおしたときに一番おいしくなることも意識しました。

　使った粉は、バゲットなどのハードブレッド用で、灰分が高く、味と香りのよい北海道産の「TYPE ER」（江別製粉）。ベトナムというと米どころというイメージがあるので、米粉を小麦粉に対して10%配合しています。米粉を入れすぎると逆にもちもち感が減りますが、この割合だと米粉と小麦、両方のもちもち感がほどよく引き出せます。また、砂糖とバター、白神こだま酵母を使うことで、しっとりとして甘みのある生地に仕上げています。

　また、バゲット同様にあまりこねず、最終発酵は長めにとり、高めの温度で焼成して一気に膨らませることで、歯切れのよい生地にしています。

タバーン コーナー
東京都目黒区上目黒1-5-7／03-6412-7644
※タバーン コーナーはワインと料理の店で、自家製のパンは店内で購入可能。

kitchen.のパン

山本一歩（コーデュロイ）

　「ソフトフランスのような食感のパンを」とのオーダーだったので、はじめはバターや砂糖、脱脂粉乳を入れてやわらかさをだしていました。しかし、何度かつくるうちに、皮が薄くてパリッとした焼き上がりにするには、配合はシンプルにして、製法で軽やかさを出したほうがよいのではと思うように。そこで、材料は小麦粉、水、塩、ドライイーストのみに。イーストはハードパンにしてはやや多めに配合し、こねやパンチをしっかりとしてボリュームを出すことで、軽やかで歯切れのよいパンに仕上げています。

　材料がシンプルな代わりに粉は灰分がかなり高く、味と香りがしっかりとある、北海道産フランスパン用粉「LA LUNE（ラ・リュンヌ）Type70 ドゥミ」（ヤマチュウ）を使用。

　バインミーについて調べたり、食べたりするうちに、現地ではかなりラフにつくっているらしいことがわかったので、いまではあまりきっちりつくらないようにしています。形が多少曲がっていたり、長さがぴったりそろっていなくても、そのほうがベトナムらしいおいしさが出るような気がします。

コーデュロイ
東京都江戸川区南篠崎町2-3-4 サンパークサイド1F
03-6638-8303

section **2**

NEW STYLE

BÁNH MÌ

kitchen.（キッチン）

いろいろな食感や香り、味わいが楽しめるサンドイッチにする

It's my bánh mì style　鈴木珠美

バインミーはケータリングを頼まれたときなどによくつくります。東南アジアというと米文化のイメージがあったので、はじめてベトナムでバインミーを見たときはびっくりしました。しかも、サンドイッチにするだけでなく、つぶしてハチミツに浸して炭火焼きにしたり、蒸してそぼろをのせたり。外国の食文化をどんどん自分たち流にアレンジしていくベトナムの人のアイデアって本当に面白いです。いまでも昔ながらのバインミー屋に行列ができている一方で、魚醤不使用のおしゃれなヴィーガン向けバインミーをつくるカフェがあったり、ピンチョスのようにつまみにして提供しているレストランがあったり、いまだに新しいものが生まれ続けていて、言ってみればノンスタイル。無限の可能性がある料理なんじゃないでしょうか。

　私自身がバインミーをつくるときもオリジナルなものをつくることのほうに面白みを感じます。レシピを組み立てるときは、肉や魚、卵など、メインになる食材をまず決めます。そして、そこになます、もしくはピクルスのようにカリカリとした甘酸っぱい野菜を合わせるなら、どんなものがよいかを考えます。次にハーブやキュウリ、ネギなど、さっぱりとして香りや味のアクセントになるものをプラス。最後は食べてみて、全体のバランスがベトナム料理らしくなるよう、調整します。一番のポイントは普通のサンドイッチのように一体感のある仕上がりにしないこと。いろいろな食感や香り、味わいが楽しめることこそがバインミーのおいしさだと思います。

PROFILE
すずき ますみ

フードコーディネーターの仕事をしていたときにベトナム料理にハマり、ベトナムに移住。2年間の修業を経て帰国し、2002年にkitchen.をオープン。モダンなテイストの料理に多くのファンを持つ。一番好きなバインミーの具材は炭火焼きのつくね。

SHOP DATA

西麻布交差点近く、大通りから一本入った静かな通りに立地。ハーブや葉野菜は豪快にたっぷりと、味わいはあくまで繊細に。2000年代初頭よりベトナム料理ブームを牽引し続けている店のひとつ。

東京都港区西麻布 4-4-12 ニュー西麻布ビル 2F
03-3409-5039
18：30 〜 22：00
月・土・日曜日・祝日定休

グリルチキンのバインミー

タンドリーチキンをベトナムテイストにアレンジ。ソースはジェノベーゼのバジルを香菜に、松の実をピーナッツに置きかえたもの。クレソンとルッコラでさわやかな苦みを添え、ヌックマム入りの甘酸っぱいタレに漬けた大根とニンジンを合わせる。

③パクチージェノベーゼ（P.62）…大さじ1と1/2

②グリルチキン（P.62）…鶏モモ肉1/2枚分

①無塩バター…大さじ2

⑥マヨネーズ…大さじ1と1/2

④クレソンとルッコラ…適量

⑤大根とニンジンのヌックチャム漬け（P.63）…適量

グリル野菜、グリーンチャツネとクリームチーズのバインミー

野菜は揚げ焼きにして熱々をサンド。レモンで野菜を和えるインドのサラダ「カチュンバル」でさっぱり感を、グリーンチャツネでさわやかな香りと辛みを添える。クリームチーズのコクとピクルスの酸味も加わり、無国籍なおいしさに。

kitchen. ｜モダンベトナミーズ×バインミー

③カチュンバル（P.62）…大さじ2
①クリームチーズ（kiri）…3個（54g）
②グリーンチャツネ（P.62）…大さじ3
⑦ミントと香菜…適量
⑤シーズニングソース
⑥ミョウガ・セロリ・キュウリのピクルス…各2切れ（P.63）
④グリル野菜（レンコン、ピーマン、ナス、オクラ・P.62）

焼きそばバインミー

イメージしたのは、焼きそばパンのバインミー版。カリカリに揚げ焼きした焼きそばは、ヌックマムとスイートチリソースベースの甘酸っぱいタレをからめ、レモンバームとミントとともにはさむ。名前とは裏腹にモダンな仕立て。

⑤レモンバームとミント …適量

①マヨネーズ…大さじ1

②焼きそば（P.63）…1/2袋分

③ベーコン（カリカリに焼く）…2枚

④大根とニンジンのヌックチャム漬け（P.63）…適量

タマリンドツナマヨ・バインミー

ツナマヨに赤玉ネギのしゃきしゃき感、タマリンドの酸味、コリアンダーの葉と種の香りをプラス。タイではバイマックルーと呼ばれているコブミカンの葉をじっくり揚げてカリカリにしたものを香りと食感のアクセントとして一緒にはさむ。

kitchen. | モダンベトナミーズ×バインミー

③コブミカンの葉の素揚げ（P.63）…適量

①タマリンドツナマヨ
（P.63）…90g

②大根とニンジンのヌックチャム漬け
（P.63）…適量

豆腐とトマトソースのバインミー

レモングラスとともに揚げ焼きにした豆腐は、香ばしくてやさしい味わい。トマトとキノコの旨みを凝縮したコクのあるソース、香り高いディル、スパイスのさわやかな香りをまとったピクルスを合わせ、風味豊かな構成に。

①無塩バター…大さじ1.5

②豆腐のレモングラスソテー（P.63）…1/2丁分

③キノコのトマトソース煮（P.63）…70g

④ミョウガ・セロリ・キュウリのピクルス（P.63）…各2切れ

⑤ディル…適量

kitchen

※分量は特に記載がない場合はつくりやすい分量。

グリルチキンのバインミー (P.57)

②グリルチキン（2本分）

鶏モモ肉…1枚
A レモングラス（みじん切り）…大さじ2と1/2
　赤玉ネギ（みじん切り）…大さじ1と1/2
　万能ネギ（長さ2cmに切る）…2本分
　プレーンヨーグルト（無糖）…大さじ1
　コンデンスミルク…大さじ1と1/2
　ヌックマム…大さじ1
　シーズニングソース…大さじ1/2
　グラニュー糖…大さじ1強

1 鶏肉は身の厚い部分を包丁で切り開いて厚さを均一にし、皮目にフォークを数か所刺す。
2 **A**を混ぜて**1**を漬け込み、一晩冷蔵庫におく。
3 フライパンに米油（分量外・適量）をひき、**2**を皮目から焼く。カリッと香ばしく焼けたら返し、反対側も同様に焼く。食べやすい厚みに切る。

③パクチージェノベーゼ（つくりやすい分量）

香菜の茎…80g
ピーナッツ…20g
米油…150ml
ヌックチャム*…200ml

*：ヌックマム、レモン汁、グラニュー糖、水を1：1.5：1.5：1の割合で混ぜ、ニンニクと赤唐辛子（生）のみじん切り各適量を加える。

1 香菜の茎、ピーナッツ、米油をフードプロセッサーでなめらかにし、ヌックチャムを加え混ぜる。

グリル野菜、グリーンチャツネとクリームチーズのバインミー (P.58)

②グリーンチャツネ

スペアミントの葉…2カップ分
香菜（長さ2cmに切る）…1カップ分
青唐辛子（小口切り）…2〜3本分
赤玉ネギ（ざく切り）…1/4個
ピーマン（種を取り1cm幅）…1個分
ショウガ…1片
ニンニク…小1片
レモンの搾り汁…約大さじ3
ピーナッツ*…大さじ2
塩…小さじ3/4
クミンパウダー…小さじ1

*ベトナム産の小粒を使用。なければバターピーナッツで代用可。

1 材料をすべてミキサーに入れ、ペースト状にする。かたさはレモンの搾り汁の量で調整する。ラップではさんで薄くのばして冷凍保存可。

③カチュンバル（2本分）

キュウリ*…30g
トマト*…30g
赤玉ネギ…30g
香菜（みじん切り）…15g
塩…小さじ1/4
レモンの搾り汁…大さじ1/2
赤唐辛子パウダー（粗挽き）…少量

*：種を取り除いた状態のもの。

1 キュウリ、トマト、赤玉ネギは5mm角に切る。そのほかの材料と混ぜ合わせる。

④グリル野菜（1本分）

レンコン（半月切り）…2枚
ピーマン（縦半割り）…1個分
ナス（輪切り）…2〜3枚
オクラ…2本
シーズニングソース…適量
米油…適量

1 フライパンに米油を深さ2cmほど入れて温め、野菜を揚げ焼きにする。
2 シーズニングソースをふる。

焼きそばバインミー (P.59)

②焼きそば（2本分）

A レモングラス（みじん切り）
　…1/2本分
　香菜（みじん切り）…適量
　スイートチリソース…大さじ2
　ヌックマム…大さじ2と1/2
　レモンの搾り汁…大さじ1と2/3
　グラニュー糖…大さじ1
焼きそば用の麺…1袋

1　Aの材料を混ぜ合わせておく。
2　フライパンに米油（分量外）を多めにひいて熱し、麺を入れる。あまり動かさずに片面がカリッとするまで揚げ焼きにし、返して反対側も同様に焼く。
3　1に2を入れて和える。

カリっと揚げ焼きにした焼きそばに香菜入りの辛くて甘酸っぱいタレをからめる。

タマリンドツナマヨ・バインミー (P.60)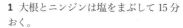

①タマリンドツナマヨ（3本分）

ツナ…120g
マヨネーズ…50g
タマリンドペースト…40g
赤玉ネギ（みじん切り）…30g
香菜の茎（みじん切り）…20g
コリアンダーシード…5g
黒コショウ…少量

1　材料を混ぜ合わせる。

②大根とニンジンのヌックチャム漬け

大根（太めのせん切り）…100g
ニンジン（太めのせん切り）…50g
塩…小さじ1弱
A ヌックマム…大さじ2
　レモン汁…大さじ3
　グラニュー糖…大さじ3
　水…大さじ2
　ニンニク（みじん切り）…小さじ1/2
　赤唐辛子（生・みじん切り）…1/3本分

1　大根とニンジンは塩をまぶして15分おく。
2　Aを合わせ、グラニュー糖が溶けるまで混ぜる。
3　1を水洗いしてしっかり絞り、2に2～3時間以上漬ける。

③コブミカンの葉の素揚げ

コブミカンの葉…適量
米油…適量

1　コブミカンの葉は筋にそって二つ折りにし、筋を取り除いて半分にする。
2　フライパンに深さ1～2cmに米油を入れ、1を入れて火にかける。葉がカリッと揚がったら取り出す。

豆腐とトマトソースのバインミー (P.61)

②豆腐のレモングラスソテー（2本分）

木綿豆腐…1丁（350g）
レモングラス（みじん切り）…50g
塩…小さじ1/2
米油…適量

1　木綿豆腐は水切りし、半分に切って、厚みが半分になるようにスライスする。レモングラスと塩をまぶして30分間マリネする。
2　フライパンに深さ2cmほど米油を入れて温める。1の水気を拭き、両面をカリッと揚げ焼きにする。

③キノコのトマトソース煮

クルミオイル…適量
キノコ *1…300g
塩…小さじ1
ホールトマト *2…400g
A シーズニングソース…小さじ2
　グラニュー糖…小さじ2
*1：シメジ、エリンギ、エノキ、マッシュルームを合わせて使う。
*2：ミキサーにかけてピュレ状にする。

1　フライパンにクルミオイルを温め、キノコを加えて炒め、塩をふる。
2　キノコから水分が出てきたら、ホールトマトを加えて煮詰める。
3　Aを加え、汁気がとぶまで煮詰める。

④ミョウガ・セロリ・キュウリのピクルス

ミョウガ…適量
セロリ…適量
キュウリ…適量
A アップルヴィネガー…200ml
　水…200ml
　グラニュー糖…大さじ5
　塩…小さじ2
　コリアンダーシード…大さじ1/2
　レモングラス（みじん切り）
　…3本分

1　ミョウガ、セロリ、キュウリは大きめに切り分け、さっと下ゆでする。
2　Aを合わせてひと煮立ちさせ、1にまわしかける。12時間以上漬ける。

063

Ăn Đi（アンディ）

主素材、ソース、付け合わせ、香りの要素を1本のパンの中に詰め込む

It's my bánh mì style　内藤千博

　バインミーは店では提供していませんが、イベントやケータリングでたまにつくります。はじめてベトナムに行ったときに、一番おいしいと思ったベトナム料理が実はバインミー。軽い食感のパンに端まで具材がぎっしり詰まっていて、いろんな味がして、すごい料理だと思いました。また、店によっていろいろな種類があるのを知り、何をはさんでもおいしければいいという料理なんだとわかりました。

　バインミーの構成を考えるのは、ひと皿の料理を構築するのと基本的には同じことです。いままでフランス料理をつくってきた経験をもとに、パンの中に、主素材、ソース、付け合わせ、スパイスやハーブなどの香りの要素を詰め合わせるというイメージです。今回は日本とベトナムがどちらも南北に長く、地域によって異なる食文化がある点にインスピレーションを受け、日本各地の郷土料理とバインミーの融合をテーマとしました。構成を考える際には、まず北は北海道から南は沖縄まで、各地の郷土料理を選び、次にその要素を分解して何を生かすかを決めていきました。

　ベトナムで毎日2本以上のバインミーを食べ続けた結果、おいしいものにはさまざまな味わい、辛み、香りがバランスよく入っているという結論に。また、なますとバターやマヨネーズのような油脂とがおいしさに欠かせない重要な要素であることにも気づきました。そこで、なますはピクルスや酸味のある発酵食品で置きかえていろいろな種類を盛り込んでいます。私自身が長らく取り組んできた発酵という要素を組み込むことでアンディならではのバインミーをつくることができたと思います。

PROFILE
ないとう ちひろ

調理師専門学校卒業後、サイタブリア（西麻布）を経て、レフェルヴェソンスに約8年在店。最後の約2年はスーシェフを務める。2018年にアンディのシェフに就任。一番好きなバインミーの具材は、注文してから焼いてくれるオムレツ。

SHOP DATA
銀座線外苑前駅より徒歩約5分。飲食店の立ち並ぶ裏通りに立地。ソムリエの大越基裕さんが2017年に開店。ベトナム料理を日本の食材と食文化を通して表現するモダンベトナミーズレストラン。

東京都渋谷区神宮前 3-42-12
03-6447-5447
http://andivietnamese.com/
12：00〜13：30（土・日曜日のみ）、18：00〜23：00
月曜日定休

石狩鍋×バインミー

テーマは石狩鍋。主素材のサケはつみれにし、味噌はココナッツを加えてソースに。白菜や玉ネギで漬け物をつくり、春菊は生のまま使用。鍋の仕上げにふる山椒は木の芽に置きかえ、ベトナムで多用されるディルを組合わせている。

②鮭のつみれ
（P.70）…3個

①味噌ココナッツソース
（P.70）…大さじ1

⑥春菊、ディル、木の芽
…各適量

④赤玉ネギの甘酢漬け
（P.70）…2切れ

⑤発酵白菜
（P.70）…適量

③しょっつると黒糖のヌックチャム
（P.70）…少量

柳川鍋×バインミー

どじょうは煮アナゴに置きかえ、卵はうずらのゆで卵に、ゴボウはショウガとともになますに。カラメルと焦がしバターを入れたタマリンドのツメは、割下にベトナムのニュアンスを加えたイメージ。

Ăn Đi｜日本の発酵文化×バインミー

②煮アナゴ（P.70）
…約1/2尾分

③キュウリ
（スライス）…4枚

⑦パイナップル
（長さ11〜12cmの棒状）
…2本

①タマリンドのツメ*1
（P.70）…小さじ1.5

⑥セリ、三つ葉、大葉
…各適量

④ゴボウとガランガルのなます
（P.70）…各適量

⑤うずらの半熟卵*2
（半割り）…2個分

*1：ツメとは煮たアナゴ、タコ、ハマグリなどの鮨ネタにぬる、甘めでとろっとしたタレのこと。
*2：沸騰した湯に冷蔵庫から出したてのウズラの卵を入れ、2分15秒ゆでて氷水に落とす。

北陸の発酵文化×バインミー

青魚のぬか漬けであるへしこは北陸の郷土食。それに大根と豆腐のぬか漬けを合わせてバインミーに。2種のソースは、いずれも発酵調味料を組合わせてつくっている。マンゴーの甘み、ルッコラと金時草の苦みを加えて多様な味わいに。

④マンゴー（スライス）…適量

⑥甘酒と魚醤のソース（P.71）…約小さじ1

①酒粕とサワークリームのソース（P.71）…約小さじ1.5

②サバのへしこ*…3切れ

③大根と豆腐のぬか漬け（P.71）…各3切れ

⑤ルッコラ、金時草…各適量

＊：塩漬けにした青魚をぬかに漬けた福井県名産の発酵食品。さっと炭火で網焼きしたものを使用。

馬(バ)インミー

馬刺しのバインミーで「馬インミー」。ソースは薬味に使うニンニクから発想。熊本つながりで組合わせたからしレンコンはレンコンの甘酢漬けを使って自家製し、なます代わりに。熊本生まれの柑橘、デコポンで香りと酸味をプラス。

Ăn Đi｜日本の発酵文化×バインミー

- ②⑦からし水菜、シブレット、わさび菜…各適量
- ⑥自家製からしれんこん（P.71・薄切り）…2枚
- ③馬刺し*¹…3切れ
- ①黒ニンニクのソース（P.71）…小さじ1
- ⑤デコポンの果肉と皮…各適量
- ④コブミカンの葉*²、フライドエシャロット*³…適量

*1：塩を軽くふって下味をつける。
*2：すじを取り除き、せん切りにする。
*3：エシャロットは薄切りにし、カリッと揚げる。

ゴーヤチャンプルーのバインミー

ベトナムの路上で食べた、できたてのオムレツをはさんでくれるバインミーのおいしさを、ゴーヤチャンプルーのバインミーとして表現。ゴーヤはピクルスにし、島ラッキョウやもずくといった沖縄の名産品をちりばめて構成している。

⑥島ラッキョウのピクルス…3本
③ゴーヤのピクルス…2枚
②オムレツ（P.71）…卵2個分
⑦もずく（沖縄産・塩抜きしたもの）…適量
④ミニトマトのドライトマト（P.71）…4切れ
①柚子胡椒のソース（P.71）…約小さじ1
⑦パイナップルミントの葉、ディル…各適量
⑤完熟シークヮーサー（輪切り）…4枚

Ăn Đi

※分量は特に記載がない場合はつくりやすい分量。

石狩鍋×バインミー (P.65)

①味噌ココナッツソース

ココナッツミルク…100ml
白味噌…25g
塩…適量

1 ココナッツミルクはひと煮立ちさせ、白味噌を混ぜる。塩で味をととのえる。

②鮭のつみれ（6本分）

サケ…300g
塩…6g
水溶き片栗粉＊…100g
A 豆腐（水切りしたもの）…100g
　白味噌…20g
　しょっつる…6g
　ゴマ油…適量
　ショウガ（すりおろし）…適量
　香菜の茎（みじん切り）…適量

＊：片栗粉25gを水75gで溶く。

1 フードプロセッサーにサケと塩を入れてミンチにする。フードプロセッサーを回しながら水溶き片栗粉を少しずつ加え混ぜる。
2 ボウルに移し、Aを加える。豆腐をつぶしながら練り混ぜる。1個30gに丸める。
3 フライパンで片面ずつ焼いて中まで火を通し、炭火にあてて燻香をまとわせる。

③しょっつると黒糖のヌックチャム

しょっつる…40g
水…80g
黒糖…36g
柑橘の搾り汁…10g
水溶き片栗粉＊…10g

＊：片栗粉25gを水50gで溶いたもの。

1 鍋に材料をすべて入れて火にかけ、黒糖が溶けたら、水溶き片栗粉を加えてとろみをつける。
2 火からおろし、冷ましてから柑橘の搾り汁を加える。

⑤発酵白菜

白菜（有機栽培）…適量
塩…白菜の重量の1.2%

1 白菜をきざむ。塩をふり、手袋をした手でよくもむ。消毒した容器に入れ、常温に4〜5日おく。水が上がってきて白菜がひたるまでは1日2回ほど全体を返す。白菜がひたるようになったら表面にぴったりとラップをおとす。毎日味見し、発酵を進めたいとき（酸味が足りないとき）は軽く混ぜる。

④赤玉ネギの甘酢漬け（10本分）

赤玉ネギ…250g
ピクルス液…下記全量
　水…200g
　米酢…100g
　グラニュー糖…100g

1 赤玉ネギは厚さ約1cmのくし形切りにし、ばらばらにほぐす。
2 ピクルス液の材料を合わせてひと煮立ちさせる。同時に1を別鍋で軽くゆでてザルにとり、温かいうちに熱いピクルス液に漬ける。
3 火から下ろし、冷めたら冷蔵庫に1〜2時間以上おく。

柳川鍋×バインミー (P.66)

①タマリンドのツメ

タマリンドペースト（ブロック状）
　…100g
水…200ml
A グラニュー糖…50g
　ハチミツ…20g
　濃口醤油…30g
バター…30g

1 鍋に水を入れて沸かし、タマリンドペーストをちぎり入れる。底に焦げつかないようにたまに混ぜながら、中火でしばらく煮る。
2 タマリンドがふやけきったら、火から下ろし、シノワで裏漉しして種を取り除く。Aを加え混ぜる。
3 別鍋でバターを焦がしバターにし、2に加える。

②煮アナゴ（4本分）

アナゴ＊（開いたもの）…160g
A 濃口醤油…25g
　水…100ml
　酒…100ml
　黒糖…30g
　塩…適量
　唐辛子（乾燥）…1本

＊：中くらいのサイズのもの。

1 アナゴは皮目に熱湯をかけ、ぬめりを包丁でこそげる。
2 Aを合わせて沸かし、黒糖が溶けたら1を入れる。落としぶた代わりにクッキングシートを表面に落とし、ひと煮立ちさせる。ぽこぽこするくらいの火加減にして約30分煮る。火から下ろし、煮汁に浸したまま冷ます。

④ゴボウとガランガルのなます（4本分）

ゴボウ…80g
ガランガル＊…40g
ピクルス液（上記）

＊：タイ、ベトナム、インドネシアなどで使われるショウガの仲間。ショウガよりも風味や香りは強い。

1 ゴボウとガランガルはそれぞれせん切りにする。ピクルス液をつくる（左上「赤玉ネギの甘酢漬け」参照）。
2 ゴボウは生のまま熱々のピクルス液（分量の半分）に入れ、約5分煮る。ガランガルはしっかりと下ゆでし、熱々のピクルス液（残り半分）に漬ける。
3 それぞれ火からおろし、冷めたら冷蔵庫に移して1〜2時間以上漬ける。

北陸の発酵文化×バインミー (P.67)

①酒粕とサワークリームのソース
酒粕…25g
サワークリーム…50g
塩…少量

1 材料をすべて混ぜ合わせる。

③大根と豆腐のぬか漬け
大根…適量
木綿豆腐…適量
ぬか床…適量

1 大根は半割にしたものを2〜3日間ぬか床に漬けて薄切りにする。
2 豆腐は水切りしてから4日間漬けて引き上げ、ぬかが付いたままの状態で冷蔵庫に4日間おく。ぬかを洗って水気を拭き、薄切りにする。

⑥甘酒と魚醤のソース
自家製甘酒*…100g
しょっつる…15g
柑橘の搾り汁（甘夏など）…10g

*：炊いたごはん300g、水300g、米麹（寺田本家）100gをヨーグルトメーカーに入れ、55℃で24時間加熱する。市販品で代用可。

1 甘酒はミキサーにかけてなめらかにする。しょっつると柑橘の搾り汁を加え混ぜる。甘酒の甘みが強くて味がぼける場合には、塩（分量外）で味をととのえる。

馬インミー (P.68)

①黒ニンニクのソース
自家製マヨネーズ…下記より100g
　全卵（L玉）…1個
　サラダ油…120g
　塩…適量
黒ニンニク（アロハファーム）*
　…30g
塩…適量

*：ニンニクを皮付きのまま高温で熟成させたもの。真っ黒になり、ねっとりとして甘みがでる。

1 自家製マヨネーズをつくる。ボウルに全卵を入れ、ハンドブレンダーで攪拌しながら、サラダ油を少しずつ加える。塩で味をととのえる。
2 ミキサーに**1**と皮をむいた黒ニンニクを入れ、ミキサーが回る程度の水（分量外）を加え、ペースト状にする。

⑦からしれんこん
レンコン…適量
自家製マヨネーズ（左記）…適量
練りからし…適量

1 レンコンは厚さ3mmの輪切りにして塩湯で食感が残る程度に下ゆでする。
2 マヨネーズにからしを混ぜる。
3 **1**をラップの上に並べ、パレットナイフで**2**をレンコンの穴に詰める。

ゴーヤチャンプルーのバインミー (P.69)

①柚子胡椒のソース
島ミカンの柚子胡椒*…20g
マヨネーズ（上記）…100g

*：島ミカン（沖縄産）100gはぶつ切りにし、ヘタ、種、皮ごとフードプロセッサーに入れる。青唐辛子（生）25gも入れてペースト状にする。島ミカンと青唐辛子を合わせた重量の20%の塩を加え混ぜる。保存容器に入れ、常温で1週間以上熟成させる。

1 材料をざっと混ぜ合わせる。

②オムレツ（1本分）
全卵…2個
塩、グラニュー糖、サラダ油…各適量

1 卵を溶き、塩と少量のグラニュー糖を加える。サラダ油でふんわりとオムレツにする。

③ゴーヤのピクルス（1本分）
ゴーヤ…約20g
ピクルス液（左記）…適量

1 ゴーヤはワタを取り除き、厚さ3mmの輪切りにする。塩湯でさっと下ゆでし、ザルにあげる。
2 **1**が熱いうちに、できたての熱いピクルス液に漬ける。火から下ろし、冷めたら冷蔵庫に1〜2時間以上おく。

④ミニトマトのドライトマト
ミニトマト、塩…各適量

1 ミニトマトは横に半分に切り、断面に塩をふる。120℃のオーブンで1時間半〜2時間乾燥させる。

⑥島ラッキョウのピクルス（1本分）
島ラッキョウ…約20g（約2個）
ピクルス液（左記）…適量

1 島ラッキョウは外側のかたい皮をむき、ゴーヤのピクルス（上記）と同様に下ゆでしてピクルス液に漬ける。

chioben（チオベン）

時間がたってもおいしくて、ひとひねりした面白さがあるように

It's my bánh mì style　山本千織

ベトナムに行ったとき、おかずや酒のつまみをパンにはさんでバインミーにしているのを見ました。そこで、お弁当によく入れる定番のおかずや、ケータリングで提供するフィンガーフードをはさんでバインミーつくってみようと考えました。

まず決めたのはメインの具材。人気メニューの中から黒酢鶏（黒酢を使った甘酸っぱい鶏の煮物）や海老刺しのパクチー和えなど、アジアンテイストのものを選びました。次に考えたのがどんなペーストを使うかということ。ベトナムではマーガリンや酸味のないマヨネーズをたっぷりとぬりますが、あのペースト状のものの存在が、食感や味わいの異なるさまざまな素材とパンとをまとめる役を果たしていると思ったんです。また、ペーストがあることでパンが具材の水気を吸わずにすみます。たとえば黒酢鶏のバインミーには、黒酢鶏をつくるときにできる煮崩れてしまった肉と生クリームをペースト状にしたものを使っているのですが、"どんなペーストを使うか"は面白みをだしやすいポイントだとも思います。ちなみに、お弁当のおかずは水気が出ないようにすることが重要なので、その点でもサンドイッチの具材に向いていると思います。

また、バインミーといえばなますが思い浮かぶように、歯ごたえのあるものが入っていてほしい。そこで、チップス状になるまで揚げた豚肉や黒大根の酢漬けなど、食感が小気味よく、メインの具材によく合うものを組合わせました。また、いろいろな色、食感、味わいをバランスよく盛り込む、時間がたってもおいしくて、ひとひねりした面白さがある、など、お弁当をつくる上で大切にしている点も意識しています。

PROFILE
やまもと ちおり

美大を卒業後、札幌で定食屋を4年間、妹とともに「ごはんや はるや」を12年間営んだ後に上京。2011年よりバーを間借りして売りはじめた弁当が評判に。一番好きなバインミーの具材は揚げ豆腐にレモングラスをからめたもの。

春巻き2種のバインミー

春巻きはチオベンに欠かせないおかず。特に人気の豆苗とちくわ、生ハムと梨とバジルの2種を小ぶりなブリオッシュとともに弁当箱に詰めてピクニックスタイルに。黒大根の甘酢漬けと紫白菜の塩もみが味、色、食感のアクセント。

④豆苗とちくわの春巻き、梨と生ハムとバジルの春巻き…各1本

②紫白菜の塩もみ（P.78）…適量

①サテーオイル（P.78）…適量

③黒大根の甘酢漬け（P.78）…適量

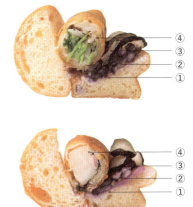

黒酢鶏 + 黒酢鶏パテ + 人参ラペ + パクチー

鶏肉を甘めの黒酢ダレで煮た「黒酢鶏」はチオベン弁当の定番おかず。クラストがバリっとかためのバゲットに、クミンが香るニンジンのラペとともにはさんでバインミーに。黒酢鶏と生クリームでつくるペーストが全体をつなぐ。

chioben｜お弁当&ケータリング×バインミー

③人参ラペ（P.78）…適量
①黒酢鶏パテ（P.78）…大さじ2
②黒酢鶏（P.78）…3切れ分
④香菜…適量

割り干しと赤大根のソムタム＋揚げ餅海老醬がらめ

バリっと歯ごたえのある割り干し大根と色味の美しい赤大根を合わせ、タイのサラダ「ソムタム」風に味つけ。カリッと揚げて旨みたっぷりの海老醬をからめたもちとともに、むっちりとしたソフトな生地のパンにはさむ。

④割り干し大根と赤大根のソムタム（P.79）…適量

③ミディアムトマト（スライス）…約1個

②ゴーヤ（半月切り）…5〜6枚

①揚げ餅の海老醬がらめ（P.79）…餅1個分

075

かぼちゃの黒胡麻和えとカリカリ豚

7cm角の小さな角食パンを1本まるごと使ったバインミー。ほくほくの揚げカボチャはショウガをきかせたクリーミーな黒ゴマペーストで和えものに。カリカリに揚げたクリスピーな豚肉のスライスを合わせ、食感のコントラストを楽しませる。

chioben ｜ お弁当＆ケータリング×バインミー

①サニーレタス（ちぎる）…約2枚
②かぼちゃの黒胡麻和え（P.79）…5切れ
③カリカリ豚（P.79）…6枚

海老刺し＋コリアンダーソース＋晩白柚

香菜の根と種（コリアンダーシード）がベースのソースをエビの刺身にからめ、文旦によく似た粒の大きな柑橘である晩白柚の果肉を合わせる。ベトナム料理のエビと文旦のサラダから発想。つくりたてをすぐに食べてもらうバインミー。

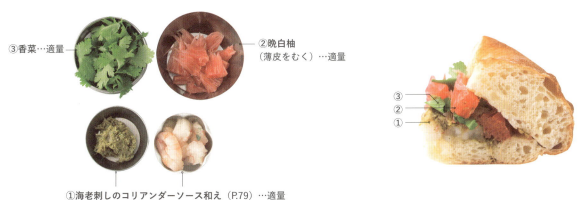

③香菜…適量

②晩白柚（薄皮をむく）…適量

①海老刺しのコリアンダーソース和え（P.79）…適量

chioben

※分量は特に記載がない場合はつくりやすい分量。

春巻き 2 種のバインミー (P.73)

①サテーオイル

レモングラス（みじん切り）
　…小さじ 1
米油…大さじ 1
ラー油…小さじ 1

1　材料をすべて混ぜる。

②紫白菜の塩もみ

紫白菜＊、塩…各適量
＊：通常の白菜の緑色の部分が紫色を帯びている品種。やわらかく、生食にも向いている。

1　紫白菜はせん切りにし、塩をまぶす。水気がでてきたら軽く絞る。

③黒大根の甘酢漬け

黒大根＊…適量
甘酢…以下より適量
　ミリン…50ml
　砂糖…大さじ 1/2
　米酢…大さじ 1
　塩…少量

＊：皮が黒く、中は白い大根。ややかためで辛みのあるものも多い。

1　甘酢をつくる。鍋にミリンと砂糖を入れ、火にかけて半量以下に煮詰める。冷まし、米酢と塩を混ぜる。
2　黒大根は輪切りにし、100℃のオーブンに 15 分入れ、ときどき上下を返しながら乾燥させる。
3　甘酢に 2 〜 3 時間漬ける。汁気をきって使う。

④豆苗とちくわの春巻き、梨と生ハムとバジルの春巻き（2 本分）

ミニサイズの春巻きの皮
（モランボン）…4 枚
豆苗…20g
ちくわ…1/2 本
ショウガ（せん切り）…1 片分
塩…適量
生ハム（ひと口大に切る）
　…12g（約 2 枚）
梨（ひと口大に切る）…1/16 個分
バジルの葉…4g（2 〜 3 枚）

1　豆苗とちくわの春巻きをつくる。豆苗は食べやすい長さに切る。ちくわはせん切りにする。ショウガと合わせて塩をふり、ざっくり和える。
2　春巻きの皮 1 枚で 1 を包み、端に水をぬってとめる。片手でぎゅっと軽く握る。春巻きの皮 1 枚でさらに包む。
3　生ハムと梨とバジルの春巻きをつくる。春巻きの皮 1 枚に梨をのせ、生ハムを重ねる。バジルの葉をちぎってのせる。2 と同様に包む。
4　春巻きは包み終わったらすぐに 180℃の揚げ油（分量外）でこんがりと揚げる。

黒酢鶏＋黒酢鶏パテ＋人参ラペ＋パクチー (P.74)

①黒酢鶏パテ

黒酢鶏（右記）…100g
生クリーム…大さじ 4

1　黒酢鶏をフードプロセッサーでペースト状にし、生クリームを加えてさらに回す。

②黒酢鶏

鶏モモ肉…小 2 枚（500g）
A　砂糖…大さじ 8
　黒酢…120ml
　米酢…60ml
　濃口醤油…30ml
　ニンニク（縦半割）…2 片分
　長ネギの青い部分…1 本分

1　鶏肉は皮を取り除き、1 枚を 5 〜 6 等分に切る。厚手の鍋に A とともに入れて強火にかける。ひと煮立ちしたら弱火にし、汁気がなくなるまで 1 時間煮る。1 時間たつ前に汁気がなくなりそうであれば、水を足す。

③人参ラペ

甘酢（上記）…適量
ニンジン…適量
紫ニンジン…適量
クミンパウダー…少量

1　ニンジンと紫ニンジンはスライサーでせん切りにし、7:1 の割合で合わせる。
2　甘酢にクミンパウダーを加え、ニンジンを 3 時間以上漬ける。

割り干しと赤大根のソムタム＋揚げ餅海老醬がらめ (P.75)

①揚げ餅の海老醬がらめ（1本分）

餅…1個
海老醬…以下より大さじ2
- ニンニク（みじん切り）…50g
- ショウガ（みじん切り）…50g
- 干しエビ*…100g
- 長ネギ（みじん切り）…200g
- ミニサラミ（カルパス）…150g
- ベビーホタテ（ボイル）…500g
- ゴマ油…50ml

＊：湯200mlにひたしてもどしておき、きざむ。もどし汁は取っておく。

1 海老醬をつくる。米油（分量外・適量）でニンニクとショウガを炒め、香りが立ってきたら、ゴマ油以外の材料を上から順に加え、そのつどよく炒める。干しエビのもどし汁も加え、鍋肌についた旨みを溶かし、煮詰める。ゴマ油とともにフードプロセッサーにかけ、ペースト状にする。
2 餅は4等分に切り、140〜150℃の揚げ油に入れ、芯まで火を通す。
3 2を1で和える。

④割り干し大根と赤大根のソムタム

A 赤唐辛子（生）…1本
- パームシュガー…大さじ1
- レモンの搾り汁…大さじ1.5
- ナンプラー…大さじ1
- 香菜…適量

赤大根…70g
割り干し大根（乾燥）*1…20g
干しエビ*2…大さじ1
カシューナッツ（くだく）…大さじ2
ニンニク（みじん切り）…1片分

＊1：水に浸してもどし、絞る。
＊2：水に浸してもどし、みじん切りにする。

1 すり鉢（あればタイのクロック）に**A**を入れ、すりこ木で叩いてなじませる。
2 赤大根はせん切りにし、割り干し大根と合わせる。1をかけてもみ、そのほかの材料を加え混ぜる。45分以上おく。

かぼちゃの黒胡麻和えとカリカリ豚 (P.76)

②かぼちゃの黒胡麻和え

カボチャ…適量
黒胡麻ペースト…下記より適量
- バター…30g
- ショウガ…30g
- 砂糖…小さじ2
- 生クリーム…100ml
- オイスターソース…小さじ2
- 黒練りゴマ…小さじ2
- レモンの搾り汁…小さじ1

1 カボチャは皮付きのまま厚さ約5mmに切る。
2 黒胡麻ペーストをつくる。フライパンにバターを溶かし、ショウガを炒める。香りが立ったら砂糖を加え、カラメル状になったら、生クリームを加える。ふつふつと沸いてきたら、オイスターソースと黒練りゴマを順に加え混ぜる。火からおろし、レモンの搾り汁を加え混ぜる。
3 1を150〜160℃の揚げ油（分量外）でかりっと揚げる。2をからめる。

③カリカリ豚（1本分）

豚肩ロースしゃぶしゃぶ用肉…6枚
ナンプラー、レモン汁…各適量

1 豚肉は片栗粉をまぶし、170℃の揚げ油（ともに分量外）でカリカリに揚げる。
2 油をきり、ナンプラーとレモン汁をふる。

海老刺し＋コリアンダーソース＋晩白柚 (P.77)

①海老刺しのコリアンダーソース和え（1本分）

コリアンダーソース…以下より大さじ2〜3
- 香菜の根（みじん切り）…80g
- コリアンダーシード…大さじ1.5
- 高菜漬け物（みじん切り）…80g
- 米油…約2.5カップ
- ナンプラー…大さじ2

ボタンエビ（刺身用）…4〜5尾

1 コリアンダーソースをつくる。フードプロセッサーに香菜の根とコリアンダーシードを入れて回し、繊維がやや崩れたら、高菜漬けを加えて同様の状態になるまで回す。米油を状態を見ながら少しずつ加えて回し、ペースト状になったらナンプラーを加え混ぜる。
2 ボタンエビにコリアンダーソースをからめる。

パーラー江古田

噛みごたえのあるバゲットにつりあう、
力強い食感の具材をはさむ

It's my bánh mì style　原田浩次

　はじめてバインミーをつくったのは足立さん（本書監修）に誘われてイベントに参加したとき。いわしとじゃがいものバインミー（右記）をつくりました。
　バインミーにはやわらかくて"おいしすぎない"パンがいいと聞くことがありますが、そんなことはないと思います。おいしいパンと具材でつくるに越したことはないでしょう。私がバインミーに使っているのは自家製レーズン酵母を使った小さめのバゲットです。皮は厚くてバリっと歯切れがよく、噛みしめるうちにほどけて、でんぷんが口の中で糖化してだんだんと甘みが出てくるパンになるようにつくっています。

　噛みごたえのあるパンなので、合わせる具材は歯ごたえのあるものを使ったり、厚めに切ったりして、食感のつりあいをとりました。バインミーはいろいろな味、食感、香りの要素がパンにはさまれているものだと思うので、そうした特徴をいかにパーラー江古田らしく表現するかというテーマで考えたのが、今回ご紹介した5品です。
　考える足がかりとしたのはベトナムとパーラー江古田とがリンクするポイント。たとえばカフェで提供してるオープンサンドイッチにたっぷりとのせている多種のハーブ、店名のルーツがある沖縄とベトナムとで食されている塩豚、食材を選ぶ上で私が大切にしているサステイナビリティという観点に配慮して養殖されたベトナム産のエビ、カフェで多く扱っているワインの産地であるイタリアとベトナムの、どちらでもよく食されている焼いたイワシなど。それらを組み込むことで、私ならではのバインミーができたと思います。

PROFILE
はらだ こうじ

大学卒業後、会社員、「ツォップ」（千葉・松戸）などを経て2006年に開業。11年には小竹向原に保育園に併設のベーカリーカフェ「まちのパーラー」を開店。フレッシュハーブのさわやかさをしっかり味わえるバインミーが好き。

SHOP DATA

西武池袋線江古田駅から徒歩6分。商店街のはずれに立地する現在の場所に2015年に移転。ラインナップは自家培養の発酵種や自家製粉の国産小麦などを使ったパン40種ほど。カウンター4席、テーブル8席のカフェスペースを備える。

東京都練馬区栄町41-7
03-6324-7127
8：30〜18：00
火曜日定休（祝日の場合は営業。振替休日あり）

いわしとジャガイモ バインミー

メインは香ばしくソテーしたイワシ。ねっとりとして甘い低温熟成のジャガイモには日本の魚醤「よしる」をふる。金柑の皮の苦み、香り、酸味、ミントとディルのさわやかな香り、と多彩にアクセントをきかせ、一口ごとに新鮮な印象に。

③金柑のスライス …1個

④ミント、ディル、香菜 …各適量

①ジャガイモのロースト（P.86）…小1個分

②イワシのソテー（P.86）…1尾分

⑤カシューナッツ（粗くくだく）…適量

081

エビと紅大根のマリネのバインミー

オーガニックな方法で育てられたベトナム産のエビが主役。なますからインスピレーションを得た紅大根のマリネは分厚く切って歯ごたえを生かし、塩と酢のみでさっぱりとした味わいに。大ぶりな具材を香菜やよしるでつくるペーストがつなぐ。

パーラー江古田｜ベーカリー×バインミー

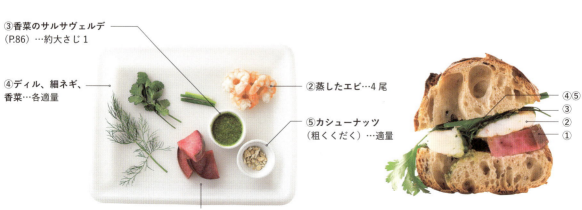

③香菜のサルサヴェルデ（P.86）…約大さじ1
④ディル、細ネギ、香菜…各適量
②蒸したエビ…4尾
⑤カシューナッツ（粗くくだく）…適量
①紅大根のマリネ（P.86）…3切れ

レモングラス入りサルシッチャとクレソンのバインミー

サルシッチャはイタリアのソーセージ。腸詰めにするほか、丸めて焼くのもポピュラーなスタイル。レモングラスでベトナムのニュアンスを加えつつ、味つけは日本の魚醤で。クレソンの爽快感のある苦み、ピスタチオのコクと食感を添えて風味豊かに。

① **クレソン**…約1/3束分

② **レモングラス入りサルシッチャ**（P.86）…2個（約70g）

③ **ピスタチオ**（粗くくだく）…適量

牛肉、春菊、目玉焼きのバインミー

牛肉はよしる入りの甘じょっぱいタレで漬け焼きに。春菊はソテーし、カシューナッツで和えてカリカリ感をプラス。黄身はとろとろに、白身の縁はカリカリに焼いた目玉焼きにはしょっつるのアロマをまとわせる。すき焼きに着想を得たバインミー。

パーラー江古田 ｜ベーカリー×バインミー

④半熟目玉焼き…1個

⑤しょっつる＊…1プッシュ分

③ミント…適量

⑥香菜…適量

②牛肉のソテー（P.87）…100g

①春菊のソテー（P.87）…小3〜4株分

084

カリカリ塩豚バインミー

カリカリに焼いた塩豚はベトナムではバインミーの定番具材。青パパイヤの酢漬けを合わせたのは塩豚をよく食べる沖縄料理からの連想。塩豚は日本の魚醤であるよしる、イタリアの酸化熟成させたワインで風味づけし、さまざまなハーブを添える。

③ミント、細ネギ、ヴェルベーヌ、ディル…各適量

①**カリカリ塩豚**（P.87）
…約100g

④**黒粒コショウ**
（半割）…適量

⑤**カシューナッツ**
（粗くくだく）…適量

②青パパイヤしりしり（P.87）…適量

パーラー江古田

※分量は特に記載がない場合は1本分。

いわしとジャガイモ バインミー (P.81)

①ジャガイモのロースト

ジャガイモ *1…小1個
オリーブ油、よしる *2…各適量

＊1：低温で12ヶ月熟成させた「インカのめざめ」を使用。
＊2：石川県能登名産のイワシからつくられる魚醤。(有) マエノの「よしる」を使用。

1 ジャガイモは厚さ1cmに切り、オリーブ油を熱したフライパンで両面をこんがりとソテーし、よしるをふる。

②イワシのソテー

イワシ…1尾
塩、オリーブ油…各適量

1 イワシは三枚におろし、両面に軽く塩をふって20分ほどおく。表面の水気をふく。
2 フライパンを中火にかけ、オリーブ油をひく。1を皮目を下にして入れてこんがりと焼き、反対側も同様に焼く。

エビと紅大根のマリネのバインミー (P.82)

①紅大根のマリネ

紅大根…適量
塩、米酢…各適量

1 紅大根は皮付きのまま厚さ1〜1.5cmに切り、4等分する。塩をふり、しばらくおく。
2 汁気をきり、米酢に2時間以上漬ける。

③香菜のサルサヴェルデ

香菜…200g
ペコリーノチーズ（すりおろし）…40g
カシューナッツ…40g
よしる（上記）…20g
E.V. オリーブ油…約120g
米酢…100g

1 材料をすべてフードプロセッサーに入れ、なめらかになるまでまわす。かたさはオリーブ油の量で調整する。

レモングラス入りサルシッチャとクレソンのバインミー (P.83)

②レモングラス入りサルシッチャ（約7〜8本分）

豚かたまり肉…500g
レモングラス（みじん切り）…3本分
よしる（上記）…10g
オリーブ油…適量

1 豚肉は包丁で粗くきざみ、レモングラスとよしるを加え混ぜる。ラップフィルムで包んで、冷蔵庫に10時間以上おく。
2 1を1個35gに丸める。
3 フライパンにオリーブ油をひいて中火にかけ、2を片面ずつこんがりと焼く。

牛肉、春菊、目玉焼きのバインミー (P.84)

①春菊のソテー

春菊…小3〜4株
オリーブ油…適量
カシューナッツ（粗くくだく）…適量

1 オリーブ油をひいたフライパンを中火にかけ、春菊をさっと炒める。
2 カシューナッツで和える。

②牛肉のソテー

牛肉（好みの部位）…100g
A よしる（左記）…5g
　オイスターソース…20g
　水…10g
　砂糖…10g
ニンニク（みじん切り）…1片分
オリーブ油…適量

1 牛肉は厚さ2〜3mmの一口大に切る。スライスを使ってもよい。**A**を混ぜ、牛肉を5〜10分漬ける。
2 フライパンにニンニクとオリーブ油を入れて中火にかける。香りが立ってきたら、**1**を加えてさっと炒め、火を通す。

カリカリ塩豚バインミー (P.85)

①カリカリ塩豚

豚肩ロース（かたまり肉）…適量
塩…適量
よしる（左記）…適量
ヴェッキオ・サンペーリ
　（マルコ・デ・バルトリ）*…適量

1 豚肩ロースに塩をたっぷりとなじませ、ラップフィルムで包んで冷蔵庫に1週間以上おく。
2 流水で約1時間塩抜きし、水から50分ほどかけてゆでる。約5mmの厚さに切る。
3 フライパンにオリーブ油を薄くひき、中火にかける。片面がカリッとするまで焼いて返す。反対側も同様に焼く。よしるをふり、ヴェッキオ・サンペーリをふってフランベする。

②青パパイヤしりしり

青パパイヤ…適量
塩、米酢…各適量

1 青パパイヤは皮と種を取り除き、しりしり器（沖縄のスライサー）でせん切りにする。塩をふって和え、しばらくおく。
2 水気を絞り、米酢に3〜4時間以上漬ける。

＊：ヴェッキオ・サンペーリはイタリア・シチリア島マルサラ産のワイン。同地の名産品である酒精強化ワイン・マルサラ酒と同様の製法でつくり、アルコールとブドウ果汁添加はせずに仕上げたもの。アルコール濃度が高く、辛口で酸味がある。

銀座ロックフィッシュ

バインミーとは"つぶして食べる"ものであるというアプローチ

It's my bánh mì style　間口一就

　今回、監修の足立さんに頼まれて初めてバインミーメニューを考えました。バインミーといえばフランスパンなわけですが、実はフランスパンのサンドイッチは、バリエーションが広がりにくい。食パンなら、耳をつけたままか落とすか、トーストするかしないか、どう切り分けるか、とさまざまなアプローチがあります。しかし、フランスパンはどこまでいってもフランスパン。このフォーマットの中でどこまで遊べるかがポイントだなと思いました。

　食パンほどではないにしても何かできないかと考えたときに、そもそもバインミーをバインミーたらしめている要素は何なのかを考えてみようと思いました。そこで思いついたのが、「つぶす」という手法です。バインミーの最大の特徴である、あの皮が薄くて中がスカスカのベトナムのフランスパンは、軽くてやわらかいがために、ぎゅーっとつぶして食べることができます。だから、具材がたくさんはさまっていても食べにくいということがない。つまり、具材をはさんだフランスパンをつぶすことで、バインミーらしさを表現できると気づきました。そんなわけで5品のうち3品は、具材をはさんだ後にホットサンドメーカーでぎゅーっとつぶして焼きました。

　あとはいつもつまみを考えるときと同様に、簡単なのに意外性とインパクトがある組合わせを意識し、大福にチーズを合わせて焼いたり、フランスパンにカレーパンをはさんで焼いたりしてみました。また、クリームチーズやバナナのようにパンと具材をつなげるアイテムを使い、一体感が出るよう工夫しています。

PROFILE
まぐち かずなり

2000年に大阪の北浜でロックフィッシュを開店。2002年に銀座に出店。氷を入れないハイボールと簡単で独創的なつまみが評判に。ハイボールと缶詰つまみのブームの立役者。一番好きなバインミーの具材は和牛と厚揚げ。

SHOP DATA

バーの聖地・銀座でハイボールといえば、まず名前があがる名店。2018年には銀座エリア内で移転。移転前の内装をほぼ再現し、以前と変わらぬ居心地のよさを提供する。

東京都中央区銀座 7-3-13 ニューギンザビル1号館 7F
03-5537-6900
http://maguchikazunari.jp
月〜金曜日 15：00〜22：30
土・日曜日・祝日 13：00〜18：00
不定休

大福チーズ バインミー

フランスパンに大福もちととけるチーズをはさんで、ホットサンドメーカーでプレス。温まってとけたもちとチーズがのびるビジュアルの面白さが楽しい。大福もちの甘さとチーズの塩気は意外な相性のよさで、おつまみにぴったり。

①スライスチーズ（とけるタイプ）…1枚
②大福もち（小）…2個

ホットサンドメーカーで焼く

焼きカレーパン バインミー

カレーパンをはさんでホットサンドに。斬新な発想ながら、ホットサンドメーカーでぺたんこ、かつ熱々のカリカリになったカレーパンが意外にも具らしい存在感を発揮する。少量ぬった粒マスタードがさりげないながら重要なアクセント。

銀座ロックフィッシュ ｜ハイボール×バインミー

①カレーパン（サンジェルマン）…1個

②粒マスタード…約小さじ1.5

ホットサンドメーカーで焼く

じゃこトシ バインミー

ベトナムにもあるエビのすり身をパンにはさんだ揚げものは香港では蝦多士（ハートーシー）と呼ばれ、長崎では「ハトシ」という卓袱料理になっている。これにヒントを得て、故郷・愛媛の名産品「じゃこ天」をバインミーに。

③じゃこ天…1枚
①マヨネーズ…約大さじ1
②ケチャップ…約大さじ1枚

ホットサンドメーカーで焼く

バナナの叩き瓜バインミー

叩いたバナナに瓜の奈良漬けとスライスチーズを混ぜ、フランスパンにはさんだおつまみバインミー。もったりとした甘みのバナナと奈良漬けをチーズの塩気が締める。発想はもちろん「バナナの叩き売り」から。

①奈良漬とバナナとチーズ＊…適量

＊：瓜の奈良漬け30gは食べやすい大きさに切る。バナナ50gは皮をむき、包丁で軽く叩く。スライスチーズ1枚は食べやすい大きさにちぎる。すべて混ぜ合わせる。

しば漬けマスカルポーネ

マスカルポーネにしば漬けを混ぜ、フランスパンにはさんだ新感覚のバインミー。しば漬けは酸味、チーズはまろやかさ、と味わいの方向性は異なるものの、発酵食品どうし、相性は抜群。

鮭缶香辣醤バインミー
（シャンラージャン）

サケの水煮缶をピリ辛で旨みのある中華調味料で和えてパンにサンド。合わせた香草は香菜かと思いきや、セロリの葉。食べたことがある気がするのに一瞬なんだかわからない風味で、ついつい食べ進めてしまう。

①しば漬けマスカルポーネ*

＊：しば漬け6〜7切れをマスカルポーネチーズ大さじ2と混ぜる。

②セロリの葉…適量

①鮭缶香辣醤（シャンラージャン）*
…約大さじ2.5

＊：鮭の水煮缶の汁気をきり、好みの量の香辣醤（唐辛子や花椒など、さまざまなスパイスを混ぜた辛みと香りのよい中華調味料）を混ぜる。

093

BÁNH MÌ Column

インドシナ半島とフランスパンのサンドイッチ

足立由美子

カンボジアとラオスにもフランスパンのサンドイッチが

ベトナムのあるインドシナ半島には、実はほかにもフランスパンのサンドイッチを食べる国があります。

それはカンボジアとラオス。この二国はベトナムと同様に旧仏領インドシナだった地域です。植民地時代、フランス人たちが現地に持ち込んだフランスパンやパテのサンドイッチといったパン食文化は、やがて現地の人たちの間にも広がり、パテ以外の具材をはさむサンドイッチや、料理にパンを合わせる食べ方などが定着していきました。どちらの国でもいまだにベトナムと同様にパテのサンドイッチが食べられており、カンボジアのものは「ヌン パン パテー」、ラオスのものは「カーオ チー パテ」といいます。

カンボジアとラオスのパテサンドイッチ

ヌン パン パテーのヌンは軽食やおやつ、パンはフランスパンのこと。パテーはハム類、ソーセージ類、パテ類の総称です。パンはベトナムのものよりも長くて端まで太く、具材はベトナムと似ていますが、断面には甘いバターをぬり、切り込みの奥の方にだけ肉味噌をぬるのが特徴。具材とともに皿にのせた状態で提供されることもあります。

ラオスのカーオ チー パテのカーオは本来は米を指しますが、この場合は小麦のこと。チーは直火焼きにしたものという意味で、「カーオ チー」でパンを指します。パテはベトナムやカンボジアと同様に、フランス語のパテに由来する言葉です。

特徴はさまざまな具材を入れること。はさむのはレバーパテ、肉味噌、キュウリや細ネギ、香菜などの野菜やハーブ、薄焼き卵などです。ベトナムでは注文するとその場ではさんでくれることがほとんどですが、ラオスではあらかじめはさんだものを袋詰めして売っているのもよく見かけました。

ベトナムのバインミーとよく似たサンドイッチ

ベトナムには「ボー コー」というビーフシチューにフランスパンを添えた料理がありますが、同様のものがカンボジアでは「ヌン パン ココー」という名前で食べられています。また、ベトナムでは丸いコッペパンにアイスクリームをはさむ「バインミー ケップケム（P.28）」というおやつがありますが、カンボジアではフランスパンにココナッツやストロベリーのアイスクリームをはさんだ「ヌン パン ガレーム」というものがあるそうです。

一方、ラオスにはベトナム人の営むバインミー屋も多く、そうした店ではシウマイ（ベトナムの肉団子）のバインミーなど、ベトナムスタイルのサンドイッチを置いています。また、南部には肉味噌をはさんだサンドイッチを売る店もあるとか。汁気の多い肉味噌を煮汁ごとたっぷりとはさむため、パンがたっぷりと汁を吸って、まるで肉まんのような食感になるそうです。その話を聞いたときに思い出したのが、ベトナム中部のダラットで食べたシウマイのバインミー。シウマイのゆで汁がスープとして添えられていて、バインミーをひたして食べます。はさむか添えるかの違いはありますが、パンに肉の煮汁を吸わせるというスタイルはよく似ています。

カンボジアの最新サンドイッチ事情

カンボジアではヌン パン パテーのほかに最近流行っているものに「ヌン パン ダッサイ」というサンドイッチがあります。「ダッサイ」は肉を入れるという意味で、漬け焼きにした豚肉やつくね、牛の串焼きなど、店によってはさむ肉類はさまざま。パンはヌン パン パテーに使うのよりも小さめで、長さ15〜20cmくらいのものが主です。

最近はこうした小さめのフランスパンにつくねをはさみ、それを丸ごと揚げたものも売られているようです。

食文化と歴史との関わりの深さ

もとはといえばフランス植民地時代の置き土産であったフランスパンサンドイッチですが、その後、それぞれの地域で独自の発展をとげるとともに、互いに影響を与えあいながら、進化し続けていることが感じられます。

ちなみに同じインドシナ半島にある国でもタイにはバインミーのような食文化がありません。というのも、タイは東南アジアでは唯一、フランスをはじめとした欧米諸国による植民地化をまぬがれたからです。食文化から世界の歴史をうかがい知ることができるエピソードですね。

（左上）ラオスのカオ チー パテ。さまざまな具材が入る。（右上）ラオスには汁気たっぷりの肉味噌をフランスパンにはさむサンドイッチがある。（下）カンボジアでは具材とパンを皿にのせて提供することも。

取材協力／伊藤忍（アンコム）、横須賀 愛（オークンツアー）、長澤 恵（ティッチャイタイフード）

材料紹介

シーズニングソース
大豆からつくられる醤油。砂糖と旨み調味料が添加されており、甘みがあってとろっとしている。日本ではベトナム産は手に入りにくいが、タイ産(写真)が入手可能。

ホットチリソース
唐辛子とニンニクを煮てペースト状にし、調味料を加えてつくられる辛いソース。汁麺に加えたり、つけダレに使われる。ベトナム産が手に入らなければタイ産で代用可能。

ヌックマム
ベトナムの魚醤。カタクチイワシなどの小魚を塩漬けにして発酵させ、その上澄みを使う。メーカーによって塩気や味わいが異なるので、使う前に味をみて調整するとよい。

コブミカンの葉
さわやかな香りが特徴の柑橘の葉。タイ語ではバイマックルー。本書では生のものを使用。生のまま使う場合は中央のかたい筋を取り除いてからきざんで使う。

レモングラス
レモンの芳香のあるハーブで、根本から20㎝くらいの部分を料理に使う。葉はハーブティーなどに利用される。本書では生のものを使用。冷凍保存可能。

フライドオニオン
赤わけぎ(タイのホムデン)を揚げたもの。玉ネギを揚げたフライドオニオンとは味も風味もちがうので、必ずタイかベトナム産を使用すること。

バインミー チャイ

足立由美子

ベトナムには「アンチャイ」という食文化があります。アンは食事をする、チャイは精進という意味で、つまり精進料理を食べることです。

人口の7割以上を仏教徒が占めるベトナムでは、旧暦の1日と15日の月2回はアンチャイの日として精進料理を食べます。また願掛けのためにアンチャイをすることもとてもポピュラーです。

アンチャイでは動物性のヌックマムは使えず、味つけは大豆醤油で。厳密にはニンニクやネギ類などの香りの強いものも禁止。たいていの町に精進料理屋があり、市場には大豆などの植物性素材で肉や魚を模した"もどき"のおかずを売る店があります。

そして、もちろん、バインミー チャイ(アンチャイのバインミー)というものもあります。以前、愛知福慧寺というベトナム仏教のお寺が東京のイベントでバインミー チャイを売っていました。それがあまりにおいしかったので、尼僧のティック ニュー タムさんにお話をうかがいました。

それによると、具材は湯葉とキノコでつくったハム、大豆ミートでつくったチャーシュー、大豆でつくったパテに加え、通常のバインミーでもよく使われるなます、キュウリ、香菜、赤唐辛子など。トマトソースはベトナムではヌックマムで味付けすることが多いのですが、アンチャイでは使えないため、大豆醤油に加えて、ミリンや昆布で味わいを深めているそうです。

バインミー チャイはベトナムでは精進料理屋の店先で売られていることがあります。ベトナムで見かけることがあったら、ぜひ食べてみてください。もどき料理とは思えないおいしさにびっくりされることと思います。

愛知福慧寺のバインミー チャイ。キュウリ、なます、香菜のほか、湯葉とキノコのハム、大豆ミートのチャーシューをはさんでいる。見た目は普通のバインミーと変わらない。

監修　足立由美子

バインミー愛好家。東京・江古田のベトナム屋台料理店「Mãimãi（マイマイ）」「ECODA HẺM（エコダヘム）」店主。1997年にはじめてベトナムを訪れ、シウマイのバインミーのおいしさに感激。以来、毎年何回も渡航しては屋台や食堂をまわるとともに、各地でバインミーを食べ、研究している。不定期でバインミーを食べ歩きするベトナムツアーも企画。最近、あらためておいしいと思うバインミーの具材は焼きたてのふわふわオムレツ。

Mãimãi
東京都練馬区旭丘 1-76-2
03-5982-5287
http://hem.ecoda.jp/maimai

ECODA HẺM
東京都練馬区旭丘 1-74-9
03-3953-0021
http://hem.ecoda.jp

バインミー図鑑
ベトナム生まれのあたらしいサンドイッチ

初版印刷　2019年6月25日
初版発行　2019年7月5日

編者 ©　柴田書店

発行者　丸山兼一
発行所　株式会社 柴田書店
　　　　東京都文京区湯島 3-26-9　イヤサカビル　〒113-8477
　　　　電話　営業部　03-5816-8282（注文・問合せ）
　　　　　　　書籍編集部　03-5816-8260
　　　　URL　http://www.shibatashoten.co.jp

印刷・製本　シナノ書籍印刷株式会社

本書掲載内容の無断掲載・複写（コピー）・引用・データ配信等の行為は固く禁じます。
乱丁・落丁本はお取替えいたします。

ISBN 978-4-388-06307-9

Printed in Japan
©Shibatashoten 2019